Uhlenbruck

Wieder Sprüche
zu Widersprüchen

Wieder Sprüche zu Widersprüchen

Satzweise sogar weise Sätze

Ralf Reglin Verlag Köln

Die Deutsche Bibliothek - CIP-Einheitsaufnahme

Uhlenbruck, Gerhard:
Wieder Sprüche zu Widersprüchen : Satzweise sogar weise Sätze / Gerhard Uhlenbruck . - Köln :
Reglin, 1997
ISBN 3-930620-14-6

© Ralf Reglin Verlag • Köln 1997
Alle Rechte vorbehalten

1. Auflage: Juni 1997

Zeichnungen: Clara Hillebrandt-Leo
Satz und Layout: Ralf Reglin
Ralf Reglin Verlag • Silkestr. 3 • 50999 Köln
Druck: Druckerei Krieser & Reglin, Köln
Printed in Germany

Vorwort

Lieber Gerd,

als Dein Verleger mich bat, doch zu Deinem neuen Buch zum Thema „ Wieder Sprüche zu Widersprüchen" als Vorwort ein paar amüsante und nachdenkenswerte Sätze zu schreiben, bin ich dem liebend gerne nachgekommen. Wir kennen uns nun schon etliche Jahre. In dieser Zeit habe ich Dich von verschiedenen kreativen Seiten kennengelernt. Interessanterweise kommen stets weitere hinzu, so daß Ich langsam glaube, daß Dein Einfallsreichtum, aber auch Dein Wissen, ein „Spiel ohne Grenzen" ist. Du bist einer der wenigen Wissenschaftler, dem es gelungen ist, die fachlichen Scheuklappen zu meiden. Deine Neugier hat Dich zwar dazu gebracht, viele Bohrlöcher in die Wüste unseres Unwissens zu treiben, ja Du bist selbst tief darin hinabgestiegen - dorthin, wo man meist den Horizont verliert. Trotzdem hast Du nie den Überblick verloren? Du bist stets ein Universalgelehrter im wahrsten Sinne des Wortes geblieben. Du beherrschst Dein Fach zwar bis ins eff-eff, Du hast der Wissenschaft viele „Meme" - das heißt bewahrenswerte Erkenntnisse - geliefert, aber es ist Dir auch hervorragend gelungen, Verknüpfungen mit anderen Wissensgebieten zu führen, was wiederum Deine Ergebnisse im engeren Fachbereich befruchtet hat. Kein Wunder, daß Du weltweit einer der Besten Deiner Zunft, der Immunologie, geworden bist. Apropos „Meme": Durch das Gehirn - das bei einigen Exemplaren der Gattung Homo sapiens ganz gut funktioniert - ist es der Menschheit gelungen, sich ein klein wenig von den Tieren abzusetzen. Tiere werden ja vor allen Dingen durch ihre Gene bestimmt. Gene, das sind kleine Bausteine der tierisch-begründeten Erbsubstanz. Demgegenüber sind „Meme" sozusagen Kulturbausteine, die nach und nach vom menschlichen Bewußtsein und der daraus resultierenden Kreativität und Kombinationsfähigkeit geschaffen wurden. Als Speichermedium dienen die Tresore der Kultur, das heißt das Gedächtnis, die Überlieferung in Wort, Bild und Schrift, bzw. heutzutage auch in digitaler Form, in Form von Bits im Computer. Du merkst, zur Kultur zähle ich wie selbstverständlich nicht nur Feuilletonistisches und Kunst, sondern auch Wissenschaft, Forschung und Entwicklung, was unter vielen Kulturbeflissenen nicht selbstverständlich ist. Sie tragen die Kultur wie ein Statussymbol vor sich her, und da paßt häufig so etwas Profanes wie Wissenschaft und Forschung nicht hinein. Da ich Deine ehrliche, unprätentiöse und unkomplizierte Art kenne, weiß ich, daß Du ganz anders denkst. Allein schon deshalb bin ich - der Wissenschaftsjournalist - Dir verpflichtet. Aber ich meine, daß Dir diese von Kulturaposteln und Politikern so gleichgültige Bewertung unserer Arbeitsbereiche genauso egal ist wie mir, und dies wohl nicht der Grund ist, daß Du Dich in der Belletristik genauso breit gemacht hast wie in der Wissenschaft. Die Ursachen dafür sind einzig und allein Deine unbändige, auch sprachliche Kreativität und Dein Humor, der wohl das Beste ist, was uns unsere Eltern vererbt haben. In Köln, in dieser unkomplizierten Stadt, mit Bürgern, die relativ wenig Statusprobleme mit sich herumschleppen, konntest Du Deine vielen Talente, das heißt die der Wissenschaft, die des Sprücheklopfens liebenswürdiger Weisheiten und die der Lebenskunst eng miteinander verbinden, ohne daß das eine Gebiet dem anderen geschadet hätte, bzw. man Dir das übel genommen hätte. Das ist nicht überall so in Deutschland, deshalb ein Hoch auf unsere Vaterstadt Köln, ich wünsche Dir viel Erfolg. Nimm es mir nicht übel, wenn ich ganz privat auch einige dieser Aphorismen gerne nützen werde, natürlich mit Quellenangabe.

Dein Jean

Jean Pütz

Wenn wir das Leben nicht auskosten, kostet es uns das Leben: Es wird todlangweilig.

Ein glücklicher Augenblick ist Vergangenheit, die einen nicht mehr einholt.

Der Pleitegeier ist meist aus dem Ei eines Pechvogels geschlüpft.

Sprüche-Auswahl: Es werden nicht unbedingt die besten herausgesucht, sondern nur diejenigen, die der Herausgeber verstanden hat.

Das Gewissen ist ein Widerspruch „in sich".

Die meisten guten Taten geschehen aufgrund eines schlechten Gewissens.

Der Mensch ist ein geselliges Wesen: Wenn er selbst schon nicht nach oben kommt, möchte er auch nicht, daß andere nach oben kommen.

Unsere Selbstverwirklichung darf nicht zur Nichtverwirklichung anderer führen.

Thermodynamik: Klüngel sind geschäftliche Abmachungen, die mit Hilfe zwischenmenschlicher Wärme schneller zustande kommen.

Wer die Fäden in der Hand hat, kann die Puppen tanzen lassen - wann immer er will.

Die meisten Menschen leiden an mitmenschlichem Versagen.

Wissenschaft: Ein Tropfen auf den heißen Stein der Weisen.

Ich habe viel von der Wissenschaft gehalten, aber weniger von Leuten, die sich für Wissenschaftler gehalten haben.

Menschen, denen man den Weg gebahnt hat, haben einen anschließend zur Strecke gebracht.

Mit den meisten Weggenossen habe ich den Weg nicht genossen.

Immer, wenn man andere beschissen hat, bekommt das Gewissen Durchfall.

In vielen Sitzungen tritt man auf der Stelle, und in vielen Besprechungen wird Wichtiges verschwiegen.

Klüngel verläuft wie im Fußball nach der Vorteilsregel: Wenn es gut läuft, läßt man das Spiel weiterlaufen.

Wenn wir unsere Fehler für Fehler halten würden, würden wir sie dann auch nicht machen?

Die meisten Menschen glauben an das Gute in sich und an das Schlechte im anderen.

Karneval: Lieber eine entgangene Chance als eine entlaufene Freundin.

Die meisten Menschen sterben an akutem Herzversagen ihrer Mitmenschen.

Was die Wissenschaft und die Wissenschaftler anbetrifft, so ist es oft wie bei einer schönen Frau und ihren Liebhabern: Oft ist es unbegreiflich, wer von den letzteren bei ihr Erfolg gehabt hat.

Da jeder aus Egoismus handelt, entfällt der Begriff Dankbarkeit immer öfter.

Was das Belanglose anbelangt - es ist oft von Belang, was den Umgang mit einander anbelangt.

Liebe auf den ersten Blick ist mit der gleichen Unsicherheit behaftet wie die Irisdiagnostik.

Lachsalven können Startschüsse für eine gute Freundschaft sein.

Der Humor hat schon manch einem Verklemmten aus der Klemme geholfen.

Liebe hat mit Vermehrung zu tun: Manchmal vermehrt sie auch das Vermögen und das Ansehen, aber nie den Verstand.

Sex ist der Austausch von Körperflüssigkeiten, sozusagen eine gleitende Beziehungsarbeit.

Flirt: Vorher schleimt man und verspritzt Geist.

Privatpatient: Die Kuh, die man melken will, läßt man sich von Freund Hein in keiner Weise schlachten.

Persönlichkeit: Es ist nicht mehr so wichtig, was man mal war, sondern wichtig ist, daß man durch das, was man gewesen ist, etwas geworden ist.

Man hat das Leben verpaßt, wenn man nicht das Passende für sich gefunden hat.

Sterbehilfe: Reisende soll man nicht aufhalten, aber umarmen.

Wenn beim Erfolg die Steigerungsrate ausbleibt, bleibt auch die Lust am Erfolg aus.

Undank ist der Umwelt Lohn.

Wo der Klüngel die Schirmherrschaft übernommen hat, da steht man jedenfalls nicht im Regen.

Es ist verlorene Liebesmüh, wenn man sich um eine verlorene Liebe bemüht.

Wenn man alle Möglichkeiten ausgeschöpft hat, ist man erschöpft.

Wenn es beim Küssen funkt, entsteht ein Kurzschluß, aufgrund dessen man kurzentschlossen zu Kurzschlußhandlungen greift.

Krieg: Man will mit Gewalt kriegen, was der andere mit Gewalt verhindern will, obwohl es keinem von beiden gehört.

Unser Leben ist auch die Summe von passenden, unpassenden und verpaßten Gelegenheiten

Das Prinzip der Neidvermeidung: Man kann es auch mit den Untertreibungen übertreiben!

Sportlich betrachtet, sind viele Menschen wie eine Immobilie: Die Kosten für die Erhaltung steigen laufend, wenn man nicht läuft.

Wer über den Dingen steht, liegt richtig.

Wer klüngelt, erscheint einem oft wie ein Tausendfüßler: Überall hat er einen Fuß in der Tür!

Wer den Dingen auf den Grund geht, wirbelt Schlamm auf, der ihm die Sicht nimmt.

Festredner sind Menschen, die den Schlaf der Versammelten nicht stören.

Wenn Sturm auf See ist, suchen die Fischer den Hafen auf. Wenn im Hafen der Ehe Sturm ist, sucht man die offene See.

Im Hafen der Ehe gibt es mehr Stürme als auf offenem Meer.

Sie war ihm ins Netz gegangen, weil er sie umgarnt hatte: Nun schleppte er sie in den Hafen der Ehe.

Eheliche Treue: Sie blieb standfest, auch wenn das Stehvermögen des Mannes nachgelassen hatte.

Klüngel: Eine Hand wäscht die andere in Unschuld.

Ein Wort gibt oft das andere, und nicht selten ergibt ein Satz einen anderen.

Schlechtes Arzt-Patienten-Verhältnis: Ein eingebildeter Gesunder versucht einen eingebildeten Kranken zu kurieren - dieser ist dann aber nur vom Arzt kuriert, nicht von seiner „Krankheit".

Orgasmus: Stoß-Seufzer einer gewissen Erleichterung.

Einen geliebten Menschen kann man aus den Augen, aber nicht aus dem Sinn verlieren.

Der Mann behält immer sein Ziel im Auge, auch wenn er den Kopf verliert.

Der Kölner klüngelt, wenn etwas für ihn unbezahlbar, aber nicht unerreichbar ist.

Manchmal bestätigt die Ausnahme die Regelverstöße.

Universität: Oft eine Geltungsbedürfnisanstalt mit der Haftung von einigen Beschränkten und Beschränkenden.

Wer über sich hinauswächst, gewinnt an innerer Größe.

Das Bett federt so manchen Sturz aus Wolke sieben (oder dem siebten Himmel) ab.

Klüngel: Die nicht-öffentliche Hand!

Viele Menschen lieben weniger ihre Arbeit, als vielmehr das Drumherum bei ihrer Arbeit.

Der Teufel steckt im Detail, der liebe Gott in der großen schönen Welt.

Wer sich nach außen immer kühl gibt, dem wird es eines Tages auch innerlich kalt ums Herz werden.

Not macht erfinderisch: Man erfindet Notlügen.

Schicksalsschläge: Kopftreffer, die zu Herzen gehen.

Beim Klüngeln nimmt man auf Beziehungen Bezug und bezieht dann daher seine Bezüge.

Manche Menschen kommen sich nicht einmal annähernd näher, weil die Erreichweite durch ihr Reich und ihren Reichtum mit Abstand zu groß ist.

Wer nur an seine Karriere denkt, hat eine gleitende Arbeitszeit auf der Schleimspur.

Ein Kind glaubt erwachsen zu sein, wenn es den Eltern zuhört, ohne auf sie zu hören.

Zeitgeist: Alles zu seiner Zeit - schien richtig zu sein, obwohl es im Geiste der heutigen Zeit falsch war.

Reisen ist Entfernung aus einer Zeitabhängigkeit in eine Zeit der Unabhängigkeit - zeitweise.

Am besten kann man bei den Frauen immer noch im Telemark-Stil landen: Mit gebeugtem Knie und geöffneten Armen.

Geburtstag und Neujahr: Jahreswende mit dem Mut zum Lebens-Wandel.

Arzt-Patienten-Gespräch: Die Sichtweise des Patienten führt zur besseren Einsicht des Arztes und ändert die Ansichten von beiden.

Klüngel: Wer Schmiere steht, bekommt auch Schmiergeld.

Menschen, die sehr cool sind, hält man sich auch nicht warm.

Erfolg muß immer wieder erfolgen - in Steigerungsraten. In dieser Hinsicht ähnelt er einer Sucht, die abhängig macht.

Erfolg macht gesund - wenn er andere nicht krank macht.

Jeder nutzt den anderen aus - aus Eigennutz.

Man ist ein fertiger Mensch, wenn man den anderen fertig machen kann.

Liebe deinen Nächsten so, daß du seine Liebe besitzt, ohne ihn zu besitzen.

Wer immer eingeengt wird, wird auf die Dauer beschränkt.

Klüngeln heißt, daß man krumme Dinge macht, für die man aber gerade stehen kann.

Wenn man sich lange auf etwas gefreut hat, währt die Freude meist nur kurz.

Klüngel: Es werden Fäden geknüpft, ohne daß man sich in die Wolle gerät.

Wenn ich gut drauf bin, sind die anderen schlecht dran.

Wenn man das Einmalige vervielfältigt, dann geht es in der Vielzahl unter.

Das zu einem wie Schlüssel und Schloß Passende kann zwei Wirkungen haben: Einmal kann es einen aufgeschlossen machen, andererseits kann es einen aber auch verschlossen machen.

Unser Wissensdurst sorgt dafür, daß man geistig nicht austrocknet und verdorrt.

Der Kölner nimmt sein Leben in die Hand, indem er mit seiner Hand andere Hände wäscht: Klüngelei.

Wer sein Leben nicht in die Hand nimmt, wird an die Hand genommen: Wer es selbst nicht in Gang bringt, wird gegängelt.

Flirt ist Florett mit Hilfe erotisch-humorvoller Geistesblitze mit der Hoffnung, daß es dabei auch funkt.

Eine Hand wäscht die andere: Freie Hand dem Tüchtigen.

Wissen ist Macht, wenn man es die anderen nicht wissen macht.

Als Hausfreund sah er sich auch in der Rolle des Ehefluchthelfers.

Die Vielfalt des Erlebten wird im Alter zur Einfalt des Lebens.

Fast alles in der Welt wird unter Schmerzen geboren; doch gute Gedanken kommen auch ohne Kopfschmerzen.

Für den Kölner bedeutet Stress, wenn er keine Zeit mehr zum Klüngeln hat!

Beziehungen: Auf eigene Faust kann man sich heute schlecht durchboxen.

Wenn man den Sündenbock zum Gärtner macht, wächst bald Gras über die verbockte Sache.

Auch die platonische Liebe muß sich mal im Bett erholen.

Lügen in der Liebe haben lange, schöne Beine.

Wenn man Macht besitzt, wird man von der Macht besessen.

Um der Liebe willen lügen heißt, sich selbst und den anderen betrügen.

Stress ist Mobbing für die arbeitenden Zellen des Immunsystems.

Es gibt eine Krebsdiät: Hummer ohne Mayonnaise!

Dinge, die man tut, weil sie für einen selbst richtig sind, die aber in den Augen anderer falsch sind, verschleiert man mit einem Lügennetz.

Wenn man einen Menschen liebt und es funkt nicht, dann steht man unter Strom.

Wer über andere herzieht, will sie auch herunterziehen.

Wer andere niederschlägt, um sie nicht hochkommen zu lassen, tut das oft, um bei sich selbst keine Niedergeschlagenheit hochkommen zu lassen.

Das, was fragwürdig ist, ist selten einer Antwort würdig.

Die Kölner Wirtschaft steht unter dem Filzpantoffel des Klüngels: Alles geschieht sozusagen auf leisen Sohlen.

Viele Menschen nehmen ihr Schicksal in die Hand - in die linke!

Provokation: Steine in ein Glashaus schleppen.

Man soll die Alten nicht davon abbringen, den Jungen etwas beizubringen, falls sie es ohne erhobenen Zeigefinger anbringen..

Rehabilitation: Der Patient wurde auf Bewährung aus der Krankenanstalt entlassen.

Wer nicht Hans im Glück ist, ist oft Hans Dampf in allen Gassen.

Wenn andere das Geld zum Fenster hinausschmeißen, heißt das noch lange nicht, daß es auch auf der Straße liegt - es kann auch im Garten liegen.

Sex: Wenn es gefunkt hat, funktioniert er auch.

Der Gute ist der Feind des angeblich Besseren - und umgekehrt.

Das Leben ist ungerecht, der Klüngel versucht das unter der Hand auszugleichen.

Für die Ehe gibt es nur ein Rezept: Den anderen lieben und leben lassen!

Werbung: Mit Hilfe von Gewinnern als Aushängeschilder will man gewinnbringende Anhänger gewinnen.

Ein Schriftsteller ist ein Mensch, der schreibend zu Wort kommen will.

Krebs: Bei schweren Fällen fällt die Wahrheit schwer. Lebenskürzlich ist genau so schockierend wie lebenslänglich. Es gibt so gut wie keine Begnadigung

Die Berufung auf einen Großen läßt berufene Kritiker nicht klein beigeben.

Wer sich als Zugpferd vor anderer Leute Wagen spannen läßt, ist ein Esel, der die Karre aus dem Dreck ziehen soll.

Kunst kommt von Können, Lebenskunst kommt von Geldverdienen können.

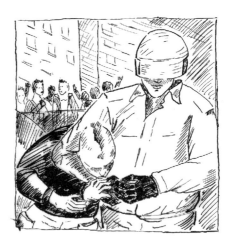

Nicht jede menschliche Nähe bringt mir einen Menschen nahe.

Mobbing: Wer hoch hinaus will, ist bei der Konkurrenz unten durch.

Ehrlich ehrt am längsten, obwohl man deswegen für dumm gehalten wird.

Die Lüge muß aus dem Fortpflanzungstrieb entstanden sein: Wenn man mehr aus sich macht, macht das dem anderen mehr aus.

Gespräche am runden Tisch erinnern immer an einen Kuchen, von dem sich jeder möglichst viel abschneiden will.

Hygiene: Der Zweck heiligt die Kittel.

Wenn man sich zu billig verkauft, ist eine Karriere zu schwer erkauft.

Viele Menschen, die mich ansprechen, sprechen mich nicht an.

Leere Worte werden meist mit vollem Ernst gesprochen.

Flirten ist ein Spiel mit dem Feuer, ohne sich dabei den Mund zu verbrennen.

Wenn einer Blech redet, sollte man nicht jedes Wort auf die Goldwaage legen.

Wer offene Türen einrennt, zerbricht sich nicht den Kopf wie diejenigen, die mit ihm durch die Wand wollen.

Andere taten ihm ein Leid an, bis sich bei ihm ein Leiden auftat.

Dinge, die vom Tisch sind, werden meist dann auch unter den Teppich gekehrt.

Klüngel, das ist der zwischenmenschliche Zwischenhandel, eine Art humaner Filzokratie, die man auf Englisch „opportunity connections" nennt.

Meistens liegt man sich in den Haaren aufgrund von Haarspaltereien.

Schon bei meiner Geburt bin ich mit zwei blauen Augen davongekommen, später hat man mir wegen meiner Blauäugigkeit das Blaue vom Himmel versprochen.

Nachruf: Bei einem Toten drückt man beide Augen zu.

Der Blauäugige kommt selten mit einem blauen Auge davon!

Alle lagen ihr zu Füßen, aber keiner stand zu ihr.

Ehrlich währt am längsten: Ehrlich gesagt, wehrt man sich dagegen am längsten.

Betrunkene kann man nicht für voll nehmen.

Diejenigen, die einen übers Ohr hauen wollen, liegen einem ständig in den Ohren.

Frauen lieben nicht unfertige Schlägertypen, sondern eher schlagfertige Typen.

Lügen sind manchmal auch Schutzbehauptungen, das heißt, man stellt eine falsche Behauptung auf, weil man glaubt, sich wahrheitsgemäß nicht behaupten zu können.

Wer ein dickes Fell hat, fährt nicht so leicht aus der Haut.

Eine Suppe, die man sich eigentlich selbst eingebrockt hat, untersucht man besonders gründlich auf ein fremdes Haar.

Wenn man sieht, wie andere den Hals nicht voll kriegen, bekommt man einen dicken Hals.

Psychotherapie: Kotz dich aus, anstatt alles herunterzuschlucken!

Klüngel: Was unter der Hand geschieht, ist schon allerhand oder aller Hände Werk.

Überdruß: Wer den Hals nicht voll genug kriegen kann, dem hängt eines Tages alles zum Hals heraus.

Wenn eine Hand die andere wäscht, weiß die linke Hand oft nicht, was die rechte tut.

Der Arzt muß einem schon unter die Arme greifen, wenn man wieder auf die Beine kommen soll.

Die Zukunft nicht zu kennen, macht den Reiz des Lebens aus: Das unbeschwerte Dasein erleichtert das schwere Leben etwas.

Flirt: Für eine Bauchlandung erteilen die Frauen einem jederzeit Starterlaubnis.

Mit geistigen Höhenflügen kann man bei keinem Chef landen: Der Absturz des Konkurrierenden ist vorprogrammiert – Mobbing von oben!

Leute, die mich nicht gern haben, können mich mal gern haben.

Wer aus der Schulmedizin plaudert, will anderen eine Lektion erteilen.

Wer auf eine Frau abfährt, hofft, daß sie nicht nur Bahnhof versteht und ihm eine Abfuhr erteilt.

Wenn man auf eine Frau fliegt, hofft man auch auf Landeerlaubnis.

Wenn der andere den Vogel abschießt, läßt man die Flügel hängen.

Wenn man mit einem ein Hühnchen zu rupfen hat, sollte man nicht viel Federlesen machen.

Medien-Zeitalter: Wenn es die Spatzen schon vom Dach pfeifen, kräht danach kein Hahn mehr.

Leute, mit denen man Pferde stehlen kann, denen kann man auch die Zügel mal überlassen.

Offenbarungseid: Laß die Katze aus dem Sack, wenn du keine Mäuse mehr hast.

Sprichwörter sind Redensarten, die in Form einer allgemein gehaltenen Umgehungsprache der konkreten Umgangssprache mittels einer geläufigen Redewendung auszuweichen versuchen.

Handel: Bei gesalzenen Preisen gibt es gepfefferte Proteste.

Sage nicht, was du denkst, sondern bedenke, was du sagst: Ärztliche Diagnose.

Klüngel: Das ungetrübte Vergnügen, im Trüben zu fischen und manchen guten Fang an Land ziehen zu können.

Der Klatsch ist meist ein Abklatsch von Fehlinformationen.

Geldsäcke sind meist sehr zugeknöpft.

Manche Menschen können einen verbal so überfahren, daß man einfach platt ist.

Wenn man nicht den eigenen Senf dazu geben kann, dann ist einem die schönste Wurst wurst.

Ein Hanswurst ist ein armes Würstchen, dem man die Butter vom Brot nimmt, ohne daß er seinen Senf dazu tun kann.

Wer alles an die große Glocke hängt, muß sich nicht wundern, wenn andere etwas läuten hören.

Wer sich in seiner Bierruhe stören läßt, bei dem ist Hopfen und Malz verloren.

Bei den Armen ist inzwischen der Groschen gefallen, daß die Reichen auch Gefallen an ihren Groschen haben.

Gegen die Umweltverschmutzung ist oft sogar kein Unkraut gewachsen.

Man kommt umso eher auf einen grünen Zweig, je weiter man sich Stammbaum bzw. Stamm des Baums entfernt: Luftwurzeln der Kreativität.

Klüngel: Man ist sich darüber im klaren, daß man andere im unklaren lassen muß.

Die Höhe der Einkommensteuer steuert das niedrige Einkommen, was bei der Steuererklärung angegeben wird.

Schock: Man fällt aus allen Wolken wie ein Blitz aus heiterem Himmel.

Wer sich in seinem Ruhm sonnt, hält die untergehende Sonne für die aufgehende.

Mobbing: Wenn man andauernd gedeckelt wird, kommt man nie zu Potte.

Die Meinung, daß Gefühle immer in die Irre führen, ist irreführend.

Urlaub: Die Gewöhnung an das Gewöhnliche weckt die Lust am Ungewohnten und Ungewöhnlichen.

Über eine Pensionierung kann man sich nur freuen, wenn einem die Arbeit im Beruf keine Freude gemacht hat - und umgekehrt!

Es geschieht kein Unrecht, wenn man es dem anderen nicht recht machen kann.

Gleiche Interessen können dafür sorgen, daß man zueinander findet, sie können aber auch die Ursache dafür sein, daß man sich trennt: Konkurrenz heißt „Zusammen miteinander laufen", was zur Folge hat, daß man irgendwann einmal den anderen überholen möchte.

Wenn man nicht mehr viel an Leben vor sich hat, hat man noch besonders viel vor im Leben: Den Endspurt gibt es auch im Lebenslauf.

Hollywood: Die Kinowelt träumt von einem Markt, bei dem Träume vermarktet werden.

Der Speichellecker schleimt, denn die Aussicht auf Erfolg läßt bei ihm das Wasser im Mund zusammenlaufen.

Manche Menschen sind nur gut aus Angst, man könne einen Helfer in der Not verlieren: Ist das Gute naiv und das Naive gut?

Klüngel: Bestechungsgeld regiert die Welt.

Klüngel: Wenn immer eine Hand die andere wäscht, ist man auf die Dauer mit allen Wassern gewaschen.

Er hielt dicht und blieb verschlossen, damit man ihm nicht ans Eingemachte ging: Ein Aufgeweckter, der sich eingeweckt verhielt.

Die Kölner sind alle gleich: Jeder kann jedem das Wasser reichen, damit auch eine Hand die andere waschen kann: Klüngelswirtschaft.

Dem Armleuchter geht selten ein Licht auf, auch nicht, wenn er unter Strom steht.

Wenn jemand im Gespräch eine lange Leitung hat, dann ist man kurz angebunden.

Man ärgert sich schwarz, wenn einem eine Sache zu bunt wird.

Klüngel stärkt das Immunsystem, insbesondere bei Trauer: Wie wäre es sonst zu erklären, daß auf Beerdigungen soviel geklüngelt wird?

Dinge, die immer wieder aufgewärmt werden, lassen einen schließlich kalt.

Menschen, die Feuer und Flamme für eine Sache sind, mit denen kann man schnell warm werden.

Wer immer sein Licht unter den Scheffel stellt, ist dem Scheine nach anscheinend unscheinbar und keine große Leuchte.

Einem Star geht schließlich nur noch ein Licht auf: Das Rampenlicht!

Das Rampenlicht blendet: Manch einer merkt deshalb gar nicht, daß es schon längst aus ist.

Party: Beim kalten Buffet geht es immer heiß her - mit Heißhunger!

Das ist doch gang und gebe, daß man gibt, damit der andere gebe.

Die Verwaltung, das Rotstift-Milieu, was einem so manchen Strich durch die Rechnung macht.

Was man nicht mehr im Kopf hat, das muß man in den Beinen haben: Auf diese Weise wird dem Bewegungsmangel im Alter vorgebeugt!

Einsamkeit ist, wenn man verstanden hat, daß man von anderen nicht verstanden worden ist.

Bei der Muse ist es wie bei jeder anderen Frau: Wer keine Zeit hat, wird auch nicht von ihr geküßt.

Orden: Für Dienste wird man entlohnt, für Verdienste belohnt.

Der Lohn des Lebens ist der Lohn, insofern zahlt es sich aus, was man tut.

Fast die Hälfte des Lebens hat man fürs Finanzamt gearbeitet: Eigentlich müßte deshalb auch ein Vertreter zur Beerdigung kommen, leider kommt der aber ohne Beileid und Mitleid danach - .

Klüngel: Eine Handreichung zum gegenseitigen Wohlergehen.

Wenn man das tut, was anderen gefällt, ist man ihnen gefällig, ohne daß man sich selbst damit einen Gefallen tut.

Anderen gefällig zu sein sollte man gefälligst sein lassen, sonst finden die noch Gefallen daran.

Menschen, denen man vertraut, kann man auch sich anvertrauen.

Wer hörig ist, gehorcht.

Dem mündigen Patienten soll man nicht nach dem Mund reden, auch wenn ihm die Diagnose nicht schmeckt.

Die gestohlene Zeit ist wie die Vergangenheit: Unwiederbringlich.

Klüngel: Wenn eine Hand die andere wäscht, hat man den anderen in der Hand, auch wenn er hinterher das Handtuch wirft.

Er war todanständig, also nicht lebensfähig.

Der Ausdruck „versöhnlich" zeigt, daß es immer schon Vater-Sohn Konflikte gegeben hat.

Lachen wird dann am besten erzeugt, wenn man Spaß am Humor mit ernster Miene vorträgt.

Wenn man schon den Kopf verliert, sollte man wenigstens noch die Nerven behalten.

Unfug ist, wenn man sich in das fügt, was nicht zu einem paßt.

Früher hat man versucht die Konkurrenz unter den Tisch zu trinken, heute versucht man, sie ganz trokken über den Tisch zu ziehen.

Besteht der richtige Weg darin, anderen den falschen Weg zu weisen, damit sie uns nicht im Weg stehen wenn sie ihn gehen?

Wenn das Schicksal uns einheizt, entwickeln wir auf einmal auch menschliche Wärme.

Wer auf großem Fuß lebt, hat auch eine große Achillesferse.

Bei Trauer läßt man den Kopf hängen - die eigene Nabelschau ist eine natürliche Folge davon.

Besondere Erlebnisse sind Höhepunkte in unserem Leben, die oft auch Treffpunkte gemeinsamer Erinnerungen sind.

Liebe heißt auch, die Fehler, die kein anderer außer uns am anderen erkannt hat, nach außen hin schweigend zu akzeptieren.

Wer einmal in Extremsituationen Todesängste überwunden hat, hat die Angst vor dem Leben ebenfalls besiegt.

Altersdepression: Wenn man auf der Welt nichts mehr verloren hat, hat man da auch nichts mehr zu suchen, oder?

Pensionärstod: Man hat auf der Welt nichts mehr verloren, nur sein Leben noch nicht.

Den Klüngel darf man nicht so krumm nehmen : Es wird noch immer alles gerade gebogen, wenn man den anderen weich bekommen hat.

Beim Klüngeln werden krumme Sachen immer geradlinig verfolgt, natürlich nur von den Beteiligten.

Manche Menschen haben eine Kutscher-Mentalität: Sie sitzen auf dem Bock, den sie nicht haben, und spannen andere für sich ein.

Verdrängen soll man die Dinge die einen beengen.

Wer andere immer belügt, macht bei sich selbst keine Ausnahme.

Ausgekochte Typen sind auch im Inneren hart - wie das Gelbe beim Ei.

Fehldiagnose: Manchmal wird ein Arzt klug durch Patienten, aus denen er nicht schlau geworden ist.

Die Schwächen der anderen kann man dann besser erkennen, wenn man sie in irgendeiner Form auch bei sich selbst gespürt hat.

Wer sich dem anderen mitteilt, wird auch immer etwas mit ihm teilen - !

Die steinreichen Menschen glauben, sie hätten auch im Reich Gottes einen Stein im Brett - !

Wer vom Staat Geld haben will, steht oft da wie der Ochs vorm Berg - an Formularen und Papieren.

Die Liebe zum Erfolg macht blind: Man sieht die Väter des Erfolgs nicht mehr !

Wir leisten uns immer mehr an Lust und verlieren dabei die Lust an der Leistung immer mehr.

Klüngel ersetzt Kontaktarmut durch Beziehungsreichtum.

Scheuklappen sind die Voraussetzung dafür, daß die Leute schließlich auch noch ein Brett vor dem Kopf haben.

Menschen, die zuhören können, erkennt man daran, daß sie, wenn ihnen eine Geschichte erzählt wird, nicht auch damit anfangen, eine vergleichsweise ähnliche Geschichte aus ihrem Bekanntenkreis zu erzählen.

Humor: Spaß im Leben macht auch Spaß am Leben.

Menschen, die einen Vogel haben, werden selten ernst genommen: Man nennt sie Spaßvögel!

Mobbing heißt, daß die Spaßverderber ernst machen! Bei faulen Kompromissen befleißigt man sich kompromittierender Ausreden.

Menschen, die einem was einreden wollen, läßt man am besten nicht ausreden.

Leute mit denen man nicht umgehen kann, sollte man umgehend umgehen.

Resignation: Man nimmt die Segel aus dem Wind.
Klüngel-Klerus: Eine Hand wäscht die andere - mit Weihwasser!

Wir verlieren langfristig unsere Gesundheit, wenn wir nur ans Geldverdienen denken, dann denken wir daran, unsere Gesundheit kurzfristig mit Hilfe des verdienten Geldes wieder zu gewinnen.

Vor einem Gericht wird durch ein Urteil Recht gesprochen, aber weder über Gerechtigkeit gesprochen noch Ungerechtigkeit verurteilt.

Es liegt bloß an den Nerven, wenn die Nerven bloß liegen.

Streß kostet Nerven, manchmal auch Nervenzellen.

Die einen verdienen Geld, um sich ihren Unterhalt leisten zu können, die anderen verdienen Geld, um sich ihre Unterhaltung leisten zu können.

Freizeit: Auch das Sonntägliche gehört zu unserem Alltag - der Wochenendurlaub.

Klüngel: Nicht immer schwindelfreier Seilakt von Seilschaften.

Klüngel: Eine Hand wäscht die andere - so kann man sich nicht die Finger verbrennen.

Reiselust birgt auch den Abschiedsschmerz in sich.

Ein Leben ohne Höhepunkte ist auf dem Tiefpunkt angelangt.

Wenn einer zwischen zwei Stühlen sitzt, so kann das auch an Hämorrhoiden liegen.

Es gibt Menschen, die arbeiten krankhaft an ihrer Gesundheit.

Urlaub: Naturerlebnisse machen uns gesund, aber die Natur krank..

Arbeit ist gesund, Arbeit, die man liebt, ist gesünder, Arbeit, die Spaß macht und viel Geld bringt, ist am gesündesten.

Prominent ist man, wenn anstelle von Honorar nur von Gage gesprochen wird.

In der Liebe zeigt man sich von der besten Seite, anstatt nur die guten Seiten zu zeigen.

Klüngel ist eine Art Geldheirat zwischen cleverem Verstand und sentimentalem Gefühl.

Menschen, die sich dumm stellen, aus denen wird man zwar nicht schlau, aber klug, denn man weiß nun, wie man es gescheiterweise anstellen muß.

Entwicklungstendenzen in der Medizin: Von der menschlichen Zuwendung wendet man sich immer mehr ab, und den technischen Anwendungen wendet man sich immer mehr zu.

Lebenslügen sind nicht selten immunologische Schutzbehauptungen, die unser Abwehrsystem schützen sollen.

Was die Gesundheit der Patienten anbetrifft, sollte ein Arzt froh sein, wenn ihm seine Fälle davonschwimmen oder davonlaufen!

Wenn wir die Wahrheit verdrängen, entsteht Platz für Lüge.

Wenn man mit dem Rücken zur Wand steht, hat man wenigstens Rückendeckung.

Konsum-Gesellschaft: Man sollte haben können, was man zum Leben haben muß, man sollte aber nicht alles haben müssen, was man im Leben haben kann.

Aus dem Recht auf Urlaub wurde die Pflicht zu verreisen, und aus dem Recht auf Freiheit wurde der Konsumzwang

Der Lebemann ist sein eigener Totengräber.

Wenn man den Biß verloren hat, dann geht man auf dem Zahnfleisch.

Die Steuererklärung ist oft ein nicht immer schwindelfreier Seilakt, bei dem man der Bilanz die Balance halten muß, damit sie nicht abstürzt.

Wenige nehmen sich selbst das Leben, viele dagegen nehmen anderen ihr Leben.

Wenn man menschliche Schwächen zeigt, zeigen die schwachen Menschen plötzlich mehr Stärke.

Der mündige Patient wünscht sich einen Arzt, der ganz Ohr ist, nicht halbherzig ist und mehr als nur einen Augenblick Zeit für ihn hat.

Heute lebt man nicht, man informiert sich über das Leben: Internet.

Früher wußte man zu leben, heute lebt man, um zu wissen.

Das meiste, was einem von anderen zugetragen wird, ist diesen anderen abträglich.

Klüngel ist der Versuch auf humane Art sich selbst zu bereichern, ohne dabei charakterlich zu verarmen.

Rente: Wenn man den Hut nehmen muß, verliert manch einer den Kopf.

Der Todfeind ist jemand, dessen Tod man überleben möchte.

Wenn man Besitz hat, sitzt man auch mehr: Beispielsweise be-sitzt man seinen Geldsack.

Der Reiche sitzt auf seinen vier Buchstaben: G-e-l-d-, am liebsten noch am Arsch der Welt: Steuerflucht.

Der Kommunismus sprach davon, daß wir uns das Paradies auf Erden durch Arbeit erkaufen müssen; der Kapitalismus meint, daß wir uns kommunale Kaufparadiese erarbeiten können.

Der Mensch geht nicht den oberen oder den unteren Weg, sondern immer den für ihn bequemsten Weg.

I had my nine teeth birthday, d.h. an meinem letzten Geburtstag hatte ich nur noch neun eigene Zähne.

Je einsamer der Mensch, umso geschwätziger wird er: Wortwechseljahre könnte man das nennen.

Daß sie ihn liebte, erübrigte sich mit der Zeit, denn er hatte keine Zeit für sie übrig !

Erbe: Im Alter haben die Eltern nicht mehr viel für ihre Kinder übrig - .

Das meiste, was es schwarz auf weiß gibt, ist Schönfärberei.

Am Abend des Lebens geht die Sonne der Erinnerung in rosa Farben unter: die letzte optische Täuschung.

Wenn man ein Ziel fest im Auge hat, geht selten etwas ins Auge.

Der größte Esel ist der Dukatenesel: Wer die Spendierhosen anhat, steht sehr schnell völlig nackt da.

Wenn es der Quote im Fernsehen dreckig geht, dann sendet man eben eine Seifenoper.

Klüngel: Wer nicht die Hand im Spiel hat, gibt das Spiel aus der Hand.

Wenn Männer nett zu ihren Frauen sind, haben sie meistens Schuldgefühle, aber selten das Gefühl von Schuld.

Rentnerdasein: Bevor man stirbt, möchte man sich vom Leben erholen.

Ein Geistesblitz kann dafür sorgen, daß der Knoten im Kopf platzt.

Immer, wenn ich außer mir bin, habe ich einen neben mir gehen.

Als ihm das Wasser bis zum Hals stand, wurde er zum Schluckspecht.

Den Gedanken an Geld können selbst Boxer sich nicht aus dem Kopf schlagen.

Flirt: Mentales Vorspiel ohne körperliches Nachspiel.

Dem Hahn im Korb sollte man ruhig einmal einen Korb geben.

Kitsch: Ein eindrucksvoller Ausdruck für Eindrücke, die nichts ausdrücken.

Manch einer wird steinreich, weil man ihm wenig Steine in den Weg gelegt hat.

Angeblich wollen wir alle etwas vom Leben haben, aber in Wahrheit wollen wir alles vom Leben haben.

Wer nur sitzt, verliert seine Gesundheit im Schweiße seines zweiten Angesichts.

Am besten weiß man zu leben, wenn man noch nichts vom Leben weiß.

Die wenigsten Menschen sind zur Verwirklichung ihrer Fähigkeiten wirklich fähig.

Gesundheit darf nicht pharisäerhaft gepredigt werden, denn dann erreicht man nur taube Ohren.

Jeder Gesundheitsapostel predigt sein eigenes Evangelium.

Wer gesundes Leben predigt, sollte die ungesund Lebenden nicht abkanzln.

Ein Schlauberger hält mit seiner Schlauheit hinter dem Berg.

Don Juan: Bevor er als Hahn bei einer anderen kräht, hat er schon dreimal leugnend seine derzeitige Partnerin geschmäht.

In meinem Kopf geht so manches vor, dem ich nachgehen muß.

Liebe deine Feinde - aber posthum.

Klüngel: Beim Einfädeln darf man den Geduldsfaden nicht verlieren.

Das Schöne ist zwar nicht erreichbar, aber als Zielvorstellung sehr nützlich.

Was macht allen Spaß ? Sex ! Also muß man Gesundheit verkaufen unter dem Motto: Fit for fuck ?

Nicht alle Ärzte verstehen etwas vom Verständnis für den Patienten, denn die Selbsterfahrung von Krankheit hat man nicht erfahren.

Es wird so viel heiße Luft geredet, daß man sich nicht wundern muß, wenn sich das Klima der Erde erwärmt.

Die Lebenskunst des Diabetikers geht nach Broteinheiten.

Alzheimer Krankheit: Man wird auffallend hinfällig und sehr schnell grabsteinalt.

Jungen Menschen sollte man Steine des Denkanstoßes in den Weg legen.

Wenn man das Leben lebt, welches andere von einem erwarten, dann hat man vom Leben nicht viel zu erwarten.

Die Sonnentage des Lebens könnten wir nicht genießen, wenn es nicht die vielen grauen Alltage gäbe.

Alltag heißt, daß wir täglich all das tun, was wir glauben tun zu müssen.

Wutanfälle, das sind abfällige Worte mit Waffengewalt, um andere zu verletzen.

Manch ein Pegasus wird vom Ikarus geritten.

Ein Kopf ohne Ideen ist wie eine Vase ohne Blumen.

Klüngel dient der Ökonomisierung des zwischenmenschlichen Wärmehaushaltes bei der Abwicklung von heißen Geschäften.

Nackenschläge können einem das Genick brechen.

Auch bei der Lebenskunst gibt es Kunstfälscher: Lebenslügen, mit denen wir uns selbst betrügen.

Menschen, die einem im Nacken sitzen, sollte man nicht fallen lassen, denn dann fallen sie einem in den Rücken.

Die Streitkultur ist eine umstrittene menschliche Kultur.

Der Verlierer: Wenn man schon nicht in Form ist, sollte man wenigstens Format zeigen.

Flirt: Ansichten, die mit Absichten vorgetragen werden, haben nur geringe Aussichten.

Flirt: Ernste Absichten trägt man am besten mit humorvollen Ansichten vor.

Klüngel: Die linke Tour ist der rechte Weg.

Taktik: Auf gezielte Fragen ausweichend antworten !

Wenn man sich mit einem Menschen auseinandergesetzt hat, ist der Abstand danach deutlich größer.

Wer sein Gesicht wahren will, darf seine Maske nicht fallen lassen.

Menschen, die einem im Nacken sitzen, können einem auch den Buckel herunterrutschen.

Manche glauben sie wachsen über sich hinaus, wenn sie andere kleiner machen.

Muße und Muse sind Geschwister.

Wer den Teufel an die Wand malt, sollte höllisch aufpassen in Bezug auf die sich selbst erfüllenden Prophezeiungen.

Wer tief gesunken ist, kommt ohne den eigenen Auftrieb nicht mehr nach oben.

Nach Niederlagen sollte man keinen Aufstand machen, sondern aufstehen.

Wenn man sich irgendwo eingemischt hat, kann man sich schwer wieder ausmischen.

Je mehr zwischen zwei Menschen menschliche Wärme entsteht, umso eher ist man bereit sich zu entblößen.

Verfolgung von Intellektuellen: Ein gescheiter Haufen auf einem Scheiterhaufen.

Die meisten Menschen haben so wenig Zeit, weil sie ihnen gestohlen wird.

Die Sterne sind Lichtjahre von uns entfernt, die Stars Blitzlichtmomente, trösten wir uns also mit den Sternstunden unseres eigenen Lebens.

Aus der Asche einer Krankengeschichte sollte immer ein Phönix hervorgehen.

Bei manchen sportlichen Grenzüberschreitungen zahlen wir den Zoll mit unserer Gesundheit.

Manch einer, der den Zug der Zeit verpaßt hat, versteht nur noch Bahnhof.

Menschen, die den Durchblick haben, lassen sich schwer durchschauen.

Wenn man Federn lassen muß, bekommt man eine Gänsehaut.

Es gibt nichts, was moralisch richtig und menschlich falsch wäre.

Jede Lüge enthält auch eine halbwahre Unwahrheit über den Lügner: Dieser Eigenanteil entlarvt ihn.

Damit einem keiner in den Rücken fallen kann, hält man sich den Rücken frei.

Damit mir andere den Buckel herunterrutschen können, halte ich mir den Rücken frei.

Man verdient nicht, was man wert ist, sondern der eigene Wert wird danach bemessen was man verdient.

Intimität: Der schamfreie Zugang zu den Schamzonen des anderen.

Heirat: Die dazu Berufene findet man oft innerhalb des Berufes.

Gesundheitliche Ratschläge gehen einem auf den Geist, manchmal aber auch von da auf den Körper über.

Wenn ich außer mir war, ging ich anschließend immer in mich.

Er wirkte so blaß, weil man ihn in den Schatten gestellt hatte.

Eine Frau, die Mutter geworden ist, ändert sich, ein Mann, der Vater geworden ist verändert sich nicht.

Die Frau für die Freizeit suchen sich viele während der Dienstzeit.

Der ausgebuchte Mensch nimmt kein Buch mehr zur Hand.

Klüngel: Da eine Hand die andere wäscht, hat man selten eine freie Hand.

Gesundheitsreform: Früher gab es einen Numerus clausus, wenn man als Arzt tätig sein wollte, heute gibt es einen Numerus clausus für ärztliche Tätigkeiten !

Früher wurde nur die Naturwissenschaft gelehrt, heute belehrt die Natur die Wissenschaftler.

Wer sich schnell etwas zu Herzen nimmt, gibt auch schnell etwas von Herzen.

Auch unser unnatürliches Leben verläuft nach Naturgesetzen.

Ein Patient, den man nur halbherzig tröstet, ist nicht ganz bei Trost.

Wichtig ist, daß man seinen eigenen Weg geht, richtig ist, daß man diesen Weg vorher erst finden muß.

In der Liebe gibt es die Fleischeslust, in der Liebe zu seinem Posten gibt es die Sitzfleischeslust.

Wenn man angehimmelt wird, verliert man den Boden unter den Füßen und schwebt über den Wolken.

Manche Menschen teilen zuerst mit einem anderen die Meinung und teilen sie dann einem dritten gegenüber als die eigene Meinung mit.

Der Verstand hat oft kein Verständnis für Gefühle, während Gefühle den Verstand verstehen können - als reizvollen Gegenspieler.

Wenn man liebt, sollte man das Leben des anderen lieben und nicht das Leben des anderen leben.

Warum fragen alte Männer immer junge Mädchen, ob sie einen Freund hätten? Weil aus Begierde schließlich bei Älteren Neugierde wird.

Typisch Mann: Nach der Periode des Vögelns kommt die des Nestbaus - danach wird er wieder flügge!

Viele haben ein erfülltes Leben auf Kosten unerfüllter Träume.

Wenn ein Spezialist aus seinem Elfenbeinturm kommt, benimmt er sich wie ein Elefant im Porzellanladen.

Liebe sollte sogar imstande sein, die schlechte Laune eines Menschen in gute Laune umzuwandeln!

Für den Schleimer bedeutet die Kriechspur Erfolgskurs.

Gekränkte Eitelkeit kann krank machen, wenn man kein gesundes Selbstbewußtsein besitzt.

Bemerkungen, die unter die Gürtellinie gehen, gehen oft in die Hose.

Wenn er nicht lief, bekam er in Bezug auf seine Gesundheit kalte Füße.

Ein Urlaubsort ist meist ein unbekannter Treffpunkt, an dem man Unbekannte trifft: Urlaubsbekanntschaften.

Je höher unsere Erwartungen an das Leben, umso geringer die Lebenserwartung.

Wer heute einem anderen die Butter vom Brot nimmt, tut etwas für dessen Gesundheit.

Eine Spontanheilung nach der Eröffnung einer ärztlichen Praxis ist so etwas wie eine Pole-Position bei einem Formel-I-Rennen.

Was das Übergewicht anbetrifft, so geht unter der Brause so mancher gute Ruf baden.

Das Herz klopft - ständig an die Tür des Verstandes.

Er war in seinem Beruf zuhause und zuhause in seinem Beruf: Er saß an einer Schaltstelle, wo er nicht mehr abschalten konnte.

Der Gestreßte kommt oft so auf Touren, daß er sich die eigene Tour vermasselt.

Computer-Absturz: Wehe, wenn dem gläsernen Patienten ein Stein vom Herzen fällt!

Schicksal: Nicht jeder hat das Glück Glück zu haben.

Beziehung: Wenn das Wesentliche paßt, paßt sich das Unwesentliche an.

Opportunismus: Seilschaften von Menschen, die nichts miteinander verbindet außer dem Ziel die Spitze zu erreichen.

Leisetreter hinterlassen keine Spuren.

Viele, die nach oben gekommen sind, sind ganz schön heruntergekommen, um in die Positionen hereinzukommen, in denen sie glaubten voran zu kommen.

Aktenstaublunge: Berufskrankheit von Beamten.

Was dem Patienten auf dem Herzen liegt: Daß er dem Arzt am Herzen liegt.

Masochismus: Leid ist Freud, die der Mensch sich selbst andeit.

Altruismus: Man arbeitet anderen in die Hände, aber sich selbst nicht in die Tasche.

Wenn man für die anderen nicht mehr in Frage kommt, muß man die Antwort für sein Leben selbst suchen.

Brain-Jogging: Es gibt Menschen, die gehen mir laufend auf den Geist.

Für aufgeweckte Menschen ist es besonders störend, wenn ihnen andere auf den Wecker gehen.

Es ist besser für dumm verkauft zu werden, als kluge eigene Ideen verschenkt zu haben.

Mit Klüngel kann man nach oben kommen, aber nur, wenn man die Thermik menschlicher Wärme als Aufwind mit einbezieht.

Krank macht, wenn man eins seiner Organe nicht mehr liebt.

Wenn eine Hand die andere wäscht, arbeitet einer dem anderen in die Hände.

Wenn man sich gegenseitig in die Hände gearbeitet hat, wäscht anschließend eine Hand die andere.

Ein erfülltes Leben ist selten ein Leben, in dem man sich seine Träume und Wünsche erfüllt hat.

Wer zuviel herunterschluckt, bekommt schließlich eine dicken Hals.

Mobbing: Wer anderen aufs Dach steigt, ist obenauf.

Zeit ist Geld - das gilt vor allem für die Zeit im Krankenhaus.

Wer nicht klüngelt, ist beziehungslos.

Die Chemie muß stimmen, sonst kann man den anderen nicht riechen.

Provokation ist der Lackmus-Test einer zwischenmenschlichen Begegnung: Man testet, bei welchen Themen der andere sauer reagiert.

Was man beim Arzt verachten muß: Wenn er Patienten verachtet.

Manchmal ändert sich das Leben schicksalsschlagartig.

Wer sein Leben so einrichtet, daß es sich auf andere ausrichtet, hat sich zum Erfüllungsgehilfen abgerichtet.

Eine sprudelnde Geldquelle ist immer noch der beste Gesundbrunnen !

Der Wille zum Sieg setzt die Angst vor der Niederlage voraus.

Herrenreiter-Attitüde: Man sitzt auf dem hohen Roß und blickt auf andere herunter.

Mobilmachung: Schwache Menschen benötigen ein Feindbild, damit sie Kräfte mobilisieren , um stärker zu werden.

Als Wissenschaftler muß man das Ganze im Blick und das Detail im Auge haben.

Er wollte immer einmal in der Zeitung stehen - mit der Todesanzeige hatte er es endlich geschafft.

Training heißt eine Leistung durch Wiederholung zu steigern.

Wer nicht auf den Mund gefallen ist, ist auch nicht auf den Kopf gefallen.

Bei abgedroschenen Phrasen erkennt man, wie sich die Spreu vom Weizen getrennt hat.

Menschen, die nicht auf den Mund gefallen sind, machen auch keine Bauchlandung.

Lebensängste engen unser Leben ein: Die Furcht vor dem Wandel verwandelt unsere Ängste nicht.

Die Vitalität mancher Menschen wird gebremst, weil sie sich selbst blockieren.

Das Wort Lebenswandel beinhaltet, daß wir uns im Leben immer wieder wandeln sollen.

Plagiat: Manche kommen zu einer großen Idee wie die Jungfrau zum Kind.

Manche verstehen unter Armut den Verzicht auf Luxus.

Glückspilze sind giftig - für Unglücksraben.

Wer Oberhirte wird, bestimmen oft die schwarzen Schafe.

Klüngel-Humanität: Menschen, die einem gefällig sind, gefallen einem.

Die meisten Dummheiten machen die Menschen aus Liebe - aus Liebe zu sich selbst.

Kölner Klüngel: Es sind die üblichen Vorgespräche, die ihm eine üble Nachrede eingebracht haben.

Auch der Miethai, der hat Zähne, aber ein Verständnis für den Zahn der Zeit in seinen Wohnungen fehlt ihm.

Gelegentlich sollte man dem Unterlegenen das Gefühl der Überlegenheit vermitteln.

Geld stinkt nicht, sagte er sich, und auf einmal konnte er seine reiche Partnerin gut riechen.

Die Gesundheit nimmt zu ,wenn der Mensch abnimmt, und umgekehrt: Wenn der Mensch zunimmt, nimmt die Gesundheit ab.

Nicht jeder, der mit seinem Sport protzt, strotzt vor Gesundheit.

Er reiste selten allein - er wollte auch in der Fremde seine Einsamkeit spüren.

Wenn man sein Fett weg hat, lebt es sich leichter.

Genauso lautet ein Vorurteil: Die Frau wolle mit Sex Liebe bekommen, während der Mann ohne Liebe Sex bekommen will.

Klüngel besteht aus dem Handgemenge sich untereinander waschender Hände.

Es macht sich immer mehr breit, daß man sich mit seiner schlanken Figur dicke tut.

Für einen Menschen bedeutet es einen ganz besonderen Schock, wenn Mitmenschen, die man für gesünder hielt als man selbst ist, plötzlich sterben.

Das gesundheitliche Sein bestimmt unbewußt unser seelisches Bewußtsein.

Die Menschen heute sind sehr standfest: Keiner legt sich fest.

Eine einträgliche gute Immobilie mobilisiert im Eigentümer den unerträglichen Wunsch nach Ertragssteigerung.

Im Kaufparadies muß man höllisch aufpassen, daß man sich bei den Ausgaben nicht verausgabt.

Werturteil: Er war ein Musterknabe ohne Wert.

Der Glaube versetzt Berge, der Aberglaube versetzt eine ganze Fata morgana von Bergen.

Hohlköpfe sollte man nicht vor den Kopf stoßen - der Erfolg könnte durchschlagend sein!

Liebe: Wenn man miteinander vertraut ist, traut man sich auch voller Vertrauen zu lieben.

Heirat: Die Falschen glauben oft, daß sie die Richtigen sind - eine richtige Fehleinschätzung aufgrund eines fehlenden Einschätzungsvermögens.

Schwätzer haben meistens die „heiße Luft"-Hoheit.

Vision: Die Zukunft gestalten, aber nicht mit den gegenwärtigen Gestalten!

Eigentlich leben Reporter recht ungesund: Sie ernähren sich ausschließlich von den Fettnäpfchen, in die andere getreten sind.

Karrierismus: Die Senkrechtstarter machen sich breit

Oft ist ein Gedanke der Vater des Wunsches, und nicht der Wunsch der Vater des Gedankens.

Das Christentum wandelt sich - durch den Lebenswandel der Christen.

Lieber einen Bekloppten an der Spitze als einen der gar nicht beschlagen ist?

Flirt: Man geht nicht zu weit, aber es genügt zu wissen, daß man weiter gehen könnte.

Diätfehler werden schlankweg abgestritten.

Sie wurde ihm vorgestellt in der Hoffnung, daß er ihr nachstellt.

Kölner Klüngel: Man muß einen guten Draht zu den Drahtziehern haben.

Vererbung: Der Apfel fällt nicht weit vom Stammbaum. Beim Erben wird er zum Zankapfel.

Die Steigerung von Utopie heißt: Eines Tages mal etwas erben!

Klüngel ist ein Handlangersystem: Eine Hand wäscht die andere.

Wissen ist die Macht zu wissen, wie man es nicht macht.

Klüngel: Man steckt flächendeckend unter einer Decke.

Wer sich nicht bewegt, liegt eines Tages den Krankenkassen auf der Tasche.

Wir leben alle nach der einfachen Milchmädchen-Rechnung: Wo kann ich am besten absahnen, ohne daß man mir die Butter vom Brot nimmt.

Man sollte schon den Biß auf eine Sache haben, aber ohne Verbissenheit!

Mit Schlankheitsmitteln tut man sich erst dicke, um sich dann zu verdünnisieren!

Man spricht heute vom breiten Publikum, weil die meisten auch breit sind.

Arbeit ist gesund, unbezahlte Arbeit ist auch gesund - aber nur für den Arbeitgeber.

Manche Probleme werden auf Eis gelegt, indem man die Verursacher einfach kaltstellt.

Muskelkater ist der Katzenjammer eines Muskelmäuschens.

Die nackte Wahrheit kleidet den Menschen schlecht: Deshalb sorgt er dafür, daß eine entblößte Lüge noch lange nicht die nackte Wahrheit ist.

Viele erreichen nicht was sie wollen, weil der Wille nicht reicht.

Er stellte sein Licht unter den Scheffel: So wurde er zum leuchtenden Vorbild!

Manche verlieren ihr Gesicht nicht, wenn sie lachen, sondern durch die Situationen, worüber sie lachen.

Bei Menschen mit einer langen Leitung führen frühe Erkenntnisse zu späten Einsichten.

Wer bankrott macht , hinterläßt oft einen Scheiterhaufen, der sich nur mit Hilfe einer zündenden Idee beseitigen läßt.

Wenn man ein Brett vor dem Kopf hat, ist es schwer selbst offene Türen einzurennen.

Sport ist die Selbstverwirklichung des Körpers unter Anleitung des Kopfes.

Was das Finanzamt auszusetzen hat ist, daß man zuviel ansetzt um es abzusetzen.

Wichtig ist, daß man im Leben ein Fingerspitzengefühl für die Dinge entwickelt, von den man besser die Finger lassen sollte.

Er verkleidete sich, damit man ihn nicht erkannte.
An dieser Verkleidung erkannte man ihn.

Politik: Man könnte sich die Haare raufen, weil die anderen sich immer in den Haaren liegen!

Klüngel heißt Fäden innerhalb eines Knäuels knüpfen.

Heute ist der Pfarrer ein Mensch, der versuchen muß, andere Menschen nach ihrem Tod erst kennenzulernen, insofern hat er schon etwas mit dem Jenseits zu tun.

Der rote Faden einer Genesung: Der Geduldsfaden!

Das Gegenteil von herrlich sei fraulich, sagen die Machos und Anti-Feministen.

Wer den Mund zu weit aufreißt, hat Hunger nach Anerkennung.

Karl Marx nannte sein Hauptwerk „Das Kapital", um in zwei Worten auszudrücken, worauf es im Leben ankommt.

Tod: Das Unbegreifliche ist unfaßbar und hinterläßt uns fassungslos.

Mit Lügennetzhemden bekleiden wir die nackte Wahrheit.

Vor dem Tod und im Tod siegt die Biologie über den Geist, nach dem Tod siegt der Geist über die Biologie.

Je weißer die Weste, umso mehr Kohle haben die Leute.

Das Bergsteigen lehrt, daß man nach oben nur gebückt hochkommt.

Wenn man auf eine Frau fliegt, wachsen einem Flügel.

Erinnerung: Der Gedankenfluß fließt in umgekehrter Richtung - zur Quelle, nur daß man die Dinge nun in einer anderen Perspektive sieht.

Böse Zungen sind Speichellecker, die anderen in die Suppe spucken.

Das Salz in der Suppe kann einem keiner nehmen, es sei denn, er ist Chemiker.

Er hielt hinter dem Berg: Um dahinter zu kommen, mußte man schon Berge versetzen.

Wer sich einmal den Mund verbrannt hat, pustet auch auf kalten Kaffee.

Betriebsausflug: Oft eine Ochsentour in einer Bullenhitze, bei der so manches Rindvieh über den Durst trinkt.

Totgesagte leben länger, Totgeschwiegene leben kürzer.

Was die Kreativität anbetrifft, hoffen selbst Atheisten auf den Göttlichen Funken.

Aufgeblasene Menschen fürchten spitze Bemerkungen: Sie könnten vor Wut platzen.

Klüngel: Man hat unter der Hand die Fäden in der Hand.

Chefarztposten: Wer den Zuschlag bekommt, das ist oft der Hammer!

Aphorismen: Kurz und bündig ist nicht immer klipp und klar.

Wer viel redet, hat oft nicht viel zu sagen und umgekehrt: Wer viel zu sagen hat, redet nicht viel, er schweigt sich vielsagend aus.

Ein guter Trainer macht es sich selbst schwer, um es anderen weniger schwer zu machen.

Für Schmiergelder steht man Schmiere, aber nicht gerade.

Beim Kölner Klüngel wird man mit Schmiergeldern nicht angeschmiert - das ist wohl Ehrensache.

Der Klügere gibt nach, weil der weniger Kluge doch nicht aufgibt.

Das globale Klima wird wärmer, das zwischenmenschliche kälter.

Beim Kölner Klüngel sind Umwege nicht abwegig, weil sie manches umgehen, was zeitraubend wäre.

Glücklich und erfolgreich schließen beinahe einander aus.

Arzt und Wissenschaftler: Lieber ein Doktor in Ehren als ein Ehrendoktor.

Wenn man einander fremd wird, geht man fremd, wobei man oft sich selbst fremd wird.

Auf Anstössigkeiten stößt man an: Stammtisch.

Lebenskunst besteht nicht zuletzt darin, beruflich nach oben zu kommen ohne dabei charakterlich herunterzukommen.

Manche fühlen sich gebauchpinselt, wenn man von ihrem Bauch nicht redet.

Brain-Jogging: Die Beschäftigung mit dem Geist beschäftigt den Geist.

Menschliche Beziehungen kranken oft daran, daß man sich alles anvertraut hat, so daß man sich eines Tages nichts mehr anvertraut, um sich vom anderen abzugrenzen: Nicht grenzenloses, sondern begrenztes Anvertrauen läßt einem gewisse Freiheiten.

Angehörige sind Menschen, die einen selten anhören, weil sie glauben, einen zu kennen.

Erst geht die Gesundheit drauf, um Geld zu verdienen, und dann geht das Geld drauf, um die Krankheit bezahlen zu können.

Grau ist alle Theorie, wenn sie am grauen Alltag gemessen wird.

Von einer Krankheit kann man oft schneller gesunden als vom Ungesunden.

Die Preisfrage beim Schreiben: Wieviel gibt man von sich preis? Jedes Buch hat seinen Preis, der oft auch von dem, was man preis gegeben hat, bestimmt wird.

Der Klügere gibt nach, weil gegen Dummheit selbst Götter schon vergebens gekämpft haben.

Der Klügere gibt nach, damit man ihn für weniger klug hält - aus Gründen der Neidvermeidung.

Alles, was Käse war, war ihm wurscht!

Arbeitslosigkeit: Auch der Lohn ist ein lebensnotwendiges Erfolgserlebnis!

Arbeitslosigkeit: Lohnt sich noch das Leben, wenn es nicht entlohnt wird, weil es nicht wert ist, belohnt zu werden?

Manch einer ist in seinem Beruf so verwurzelt, daß er wie angewurzelt auf seinem Posten wächst und gedeiht

Klüngel: Damit eine Hand die andere waschen kann, gräbt man sich gegenseitig nicht das Wasser ab.

Niederlagen kann man verkraften: Wer zu Boden geht, muß nicht zu Grunde gehen.

Man sollte mit sich und der Welt im reinen sein, sonst geht es einem dreckig.

Um seine Dummheiten zu entschuldigen, greift man zu klugen Spruchweisheiten.

Wo das Unwissen anfängt einen unsicher zu machen, da beginnt der feste Glaube - an eine Theorie der Hoffnung.

Die Chemie muß stimmen - oder der andere sollte verduften, so daß er einem nicht mehr unter die Nase kommt.

Sorgen wegen eingebildeter Krankheiten sorgen für die Ausbildung von Gesundheit.

Abends ist es in den Wohnungen zappenduster: Man sitzt vor dem Fernsehapparat und zappt.

Arbeitsmoral: Man kann auch mit niedrigem Blutdruck unter Hochdruck arbeiten.

Der berechenbare Mensch wird auf die Dauer langweilig.

Durch Alkohol wird so manche Stimmungskanone zum Rohrkrepierer.

Beim Sex während einer Ehe verhält es sich umgekehrt wie beim Eiskunstlauf: Erst nur die Kür und dann der Übergang zum Pflichtprogramm, Ausrutscher mit inbegriffen.

Heute werden anstandslos die Anstandsregeln verletzt.

Das muß der Neid ihm lassen: Maß für die Minimaleinheit, die wir dem anderen gönnen.

Manchmal kann man durch eine Krankheit gesünder leben als man vorher gelebt hat.

Nur ein Fakir kann sich freuen, auf Rosen gebettet zu sein.

Alle Mühlen mahlen langsam, wenn Gott keinen Wind wehen läßt.

Der Einblick in ein Leben vermittelt Einsichten, aber selten ein Einsehen.

Bei Sachen, die einen Haken haben, hake ich ein oder aber ich hake sie ab.

Manche Nahrungsmittel nähren auch die Hoffnung auf Gesundung.

Flirt ist, wenn Sprechblasen sich küssen.

Viele nehmen sich ein Herz, um die Herzlosigkeit zu bekämpfen.

In der Liebe entwickeln sich Gefühle, die abhängig machen, wobei man jedoch das Gefühl der Abhängigkeit nicht entwickeln sollte.

Als Nicht-Golfer hat man auch ein Handicap: Man hat nicht ausreichend Gelegenheit, dabei Geschäfte machen zu können.

Glück ist die Ausnahme von der Regel, also in der Regel eine Ausnahme.

Wenn eine Frau Kinder bekommen hat, macht sie oft den Fehler, das Kind im Manne gleich mit erziehen zu wollen.

Man sollte mehr Gewicht auf weniger Gewicht legen, denn Fasten hält Leib und Seele zusammen!

Es gibt krankmachende und gesunderhaltende Arbeitsplätze: Mobbing und Freude an der Arbeit.

Um dem Dickicht der Gesetze auszuweichen, schlägt man sich in die Büsche des Klüngels.

Wenn eine Hand die andere mit einer Mischung aus Rheinwasser und Weihwasser wäscht, ist man ein waschechter Kölner.

Früher war es wichtig, einer politischen Partei anzugehören, wenn man etwas werden wollte; heute ist die Mitgliedschaft in einem Golf-Club oder Rotary-Verein wichtiger.

Wenn ich die Schafe zähle, denen ich tagsüber begegnet bin, dann kann ich nachts nicht einschlafen.

Wenn mir einer zu nahe kommt, suche ich das Weite.

Artenschutz: Es gibt kein Weiterleben nach dem Aussterben.

Man soll Freundschaften nutzen, sonst nützen sie einem nichts.

Menschen, aus denen man sich was macht, aus denen macht man was.

Wer gewarnt ist, ist gewappnet, wer gewappnet ist, tarnt sich -.

Man sucht passende Aufgaben, um sich selbst dabei zu finden.

Unsachliche Widersacher kommen einem mit widerlichen Sachen daher.

Flirt ist die Kunst um ein heißes Thema herumzureden, ohne sich den Mund dabei zu verbrennen.

Als Organspender begrub man ihn herzlos, ohne daß man ihm noch an die Nieren ging.

Vom Kater bis zu den weißen Mäusen ist es oft nur ein Katzensprung.

Urteilen Sie nie gut über ein Buch, ihr Urteil könnte zu Werbezwecken mißbraucht werden.

Tragik: Sich voll ausgeben und dann leer ausgehen.

Manche denken immer nur ans Essen, ohne sich Gedanken über das Essen zu machen.

Es gibt Ärzte, die haben keinen Hoffnungsschimmer Ahnung von alternativen Heilmethoden in der Medizin.

Wenn ich die Segel streichen muß, dann ziehe ich Leine.

Politischer Zickzackkurs der Regierenden führt zu Hickhack-Diskussionen der Opponierenden.

Was einen Krankgewesenen bekümmert ist, wie unbekümmert andere mit ihrer Gesundheit umgehen.

Wer sich als Arzt nicht um den Kummer der Patienten kümmert, dessen Ruf als Arzt verkümmert.

Liebe schafft das Unmögliche, Sexualität schafft das Unglaubliche !

Reiselust und Abschiedsschmerz: Das Dilemma des Urlaubs.

Was sich nicht verkauft, zahlt sich nicht aus.

Den Menschen, die nach oben kommen, tun sich Abgründe auf.

Resignation: So wie die Dinge laufen, ist es nun mal der Lauf der Dinge.

Krebs: Ein schicksalhaftes Ereignis nachdem sich etwas Schicksalhaftes ereignet hat ?

Sturheit: Die Flucht des Phantasielosen in die Routine.

Der Mensch ist von Natur aus ein Tier - mit fiesem Charakter.

Die Grabenkämpfe des Lebens: Jeder versucht dem anderen eine Grube oder das Wasser abzugraben.

Der Mensch ist nicht frei von Fehlern - deshalb muß er auch welche machen.

Der Kopf denkt und der Bauch lenkt, weil wir so manches aus dem Bauch heraus machen!

Wenn eine Hand die andere wäscht, dann reibt man sich die Hände.

Damit sie täglich joggen können, reißen sich manche ein Bein aus.

Das Ewig-Weibliche zieht uns hinein: Streß.

Die Seele des Kranken versucht den Verlust an äußerer Schönheit zu kompensieren.

Dumme Menschen, die ihren Kopf durchsetzen können, verschaffen auf diese Weise einem Hohlraum Resonanz.

Ich zeigte ihm wo es lang geht. Dann überholte er mich.

Außenstehende betrachten den Sport vom Ergebnis her, Ausübende betrachten ihn vom Erlebnis her.

Bei starker Sonneneinstrahlung kommt auch das Immunsystem selten mit heiler Haut davon.

Beim Nachdenken denke ich immer vor.

Die Sportmedizin zeigt, daß Ärzte sich nicht nur bei Kranken, sondern auch bei Gesunden irren können.

Ein Erfolgsgeheimnis besteht darin, daß man nicht alles, was zum Erfolg beigetragen hat, erzählt.

Luftschlösser, das sind die Immobilien unserer Phantasie.

Wenn der Konkurrent Federn lassen muß, wachsen dem Verfolger Flügel.

Begegnungen mit anderen Menschen sind immer Abenteuerreisen in die Welt des anderen: Schön und manchmal auch gefährlich.

Gesundheit ist schön und macht schön: Ohne den attraktiven Reiz des Schönen würde sich das Leben nicht vermehren.

Die Wahrheit ist nichts anderes als eine uns glaubhaft erscheinende Lüge.

Wahrheit ist immer relativ subjektiv, aber auch nicht absolut objektiv.

Erlebnisse sind das von der Natur eingeplante Unplanmäßige in einem nach Plan mäßigen Leben.

Alles ging in seinem Leben schief, kein Wunder, daß er sich zu einem schrägen Typ entwickelte.

Die längste Wartezeit haben die Dinge, auf die wir uns freuen, ausgenommen die Wartezeit beim Arzt.

Wer Verabredungen nicht einhält, stellt eigenes Verschulden immer in Abrede.

Es gibt demütige Menschen, denen steht die Nutzanwendung schon im Gesicht geschrieben.

Tragik: Er hatte die besten Antworten bereit, aber er wurde bereits nicht mehr gefragt.

Es gibt Sprücheklopfer und Sprücheklauer: Letztere können auch ohne Gehirn geistreich sein.

Aus eigenem Nutzen werden andere ausgenutzt und aus eigenem Interesse interessiert man sich nicht für diese anderen.

Auf Vorschußlorbeeren kann man leicht ausrutschen.

Wenn man immer der Sündenbock ist, stößt man sich im Laufe der Zeit die Hörner ab: Dann kann keiner ihm mehr etwas anhängen.

Sadismus ist, wenn man einem Sündenbock auch noch Hörner aufsetzt.

Trikotwerbung im Sport bietet selten Stoff zum Nachdenken.

Beziehungen sind wie ein Geländer an der Treppe auf dem Weg nach oben, d.h. man hält so lange daran fest, bis man oben ist.

In einer heißen Debatte hilft nur die Unverfrorenheit eines kühlen Kopfes.

Ein Genie ist ein Paradiesvogel, der im Baum der Erkenntnis nistet.

Heute ist man nur den Menschen vonnutzen, von denen man Nutzen hat.

Wahrheit ist immer relativ, deshalb geben wir uns auch schon mal gerne mit der halben Wahrheit zufrieden.

Heute will der beruflich Erfolgreiche privat nicht erlebnisarm sein!

Man lernt noch nicht einmal aus den Fehlern, die einem gesundheitlich schaden.

Freiheit ist nicht grenzenlos, sondern beruht in erster Linie darauf, daß man seine Grenzen los geworden ist.

Im Sport lassen sich mentale Schwächen verkraften, wenn sie die Abwehrkräfte nicht schwächen.

Vor der Emanzipation: Aus dem Mann fürs Leben wurde nicht selten ein Leben für den Mann.

Die Konkurrenz schaltet man am besten aus, indem man sie bei Dingen einschaltet, die keine Konkurrenz bedeuten.

Jogging: Die Angst vor Krankheiten hat schon manch einem Beine gemacht.

Bei einer Beerdigung gibt es anteilnehmende Teilnehmer und vorteilnehmende Anteil-Nehmer.

Ein Geburtstag ist nach Silvester die nochmalige Chance gute Vorsätze in die Tat umzusetzen!

Moral ist der Käse, der aus der Milch der frommen Denkungsart gemacht wird.

Von einer plötzlich aufgetretenen Krankheit kann man eher gesunden als von einer chronisch vernachlässigten Gesundheit.

Mitarbeiter, von denen man nichts hält, die sollte man auch nicht halten.

Wenn eine Hand die andere wäscht, so sind das Handlanger-Dienste, von langer Hand vorbereitet.

Gesunde Lebensweise: Etwas begreifen heißt noch lange nicht, etwas auch in den Griff zu bekommen.

Wer mit dem Strom schwimmt, braucht sich nicht abzustrampeln.

Selten verläuft ein Leben planlos, aber sehr häufig verläuft es richtungslos.

In Grenzerfahrungen erleben wir Grenzbereiche, in denen sich schmerzvolle Lust und lustvoller Schmerz miteinander vermischen.

Wenn ich außer mir bin, versteht mich keiner - außer mir.

Wenn der Kölner verreist, verbindet er den Abschiedsschmerz mit der Lust auf Heimweh.

Manch ein Elternteil ist gar nicht so ehrgeizig, sondern möchte nur durch Imponiergehabe vom eigenen Kind Anerkennung bekommen.

Schreiben ist der Versuch, anderen etwas zu verstehen geben, obwohl sie selten Verstand annehmen.

Wer sich schwer mit dem Leben tut, macht es dem Tod leicht.

Geistiger Diebstahl tut in der Seele weh, materieller Diebstahl ist zu verschmerzen.

Die Akupunkteure haben immer stichhaltige Argumente zur Hand, die Dinge auf den Schmerzpunkt zu bringen.

Sündenböcke tarnen sich meist als Unschuldslamm.

Es ist zum Heulen, daß wir mit den Wölfen heulen müssen – !

Halbwahrheit ist die Hälfte eines Interviews, welches von dem interviewenden Journalisten zu einer vollen Unwahrheit ergänzt wird.

Der faustische Mensch heute ist der, der angeblich das Gute will und vorsätzlich das Böse schafft.

Wenn man sein Geld auf die hohe Kante legt, stapelt man tief.

Der Kölner hat keine Beziehung zum Geld außer der, daß man Beziehungen haben muß, um an Geld zu kommen.

Daß er immer gehänselt wurde, war ihm nicht wurscht, und so wurde er zum Hanswurst.

Klüngel ist Korruption durch die rosa Brille betrachtet.

Wenn man mir auf die Füße tritt, schaue ich betreten drein.

Manchmal bleibt man seinem Todfeind treu, weil man unter keinen Umständen dessen Niederlage versäumen möchte.

Toleranz: Manche kriegen es nicht auf die Reihe, wenn man aus der Reihe tanzt.

Wenn man schon aus der Reihe tanzt, dann bitte nicht auf der falschen Hochzeit.

Ein Spanner spannt sich selbst - auf die Folter der Lust.

In der Politik versucht man mit unklaren Antworten klare Fragen zu klären.

Den meisten Männern liegt das Geld am Herzen - innerhalb der Brieftasche, die sie in ihrer linken Brusttasche tragen.

Manche Männer wollen nur das Herz einer Frau gewinnen ohne dabei die Seele der Frau zu beherzigen.

Die Befindlichkeit eines Patienten hängt von seinen Befunden ab.

Die Wiege unserer Gesundheit liegt in dem, was uns in die Wiege gelegt worden ist.

Beim Streit um die Kultur findet man selten eine Streitkultur.

Gute Ideen werden oft in Eierköpfen ausgebrütet.

Sehnsüchte wirken lebensverlängernd, weil man die Hoffnung auf Erfüllung nie aufgibt.

Statussymbole symbolisieren den Status, den man gerne hätte.

Wenn ich nachdenke, denke ich vor, manchmal sogar vor allen anderen.

Da, wo einen der Schuh drückt, darf man einem nicht auf die Füße treten.

Manche planen in die falsche Richtung, andere richten sich nach dem falschen Plan.

Wenn man mir in die Hacken tritt, spüre ich meine Achillesferse.

Leben heißt auch: Zeit gewinnen, um keine Zeit zu verlieren.

Wer aus der Rolle fällt, spielt keine Rolle mehr: Die Regeln auf der Bühne des Lebens sind recht konventionell.

Vieles, was man aus dem Bauch heraus entscheidet, schlägt einem auch nicht auf den Magen.

Die häufigste Hoffnung des verzweifelten Patienten: Eine Fehldiagnose.

Für viele endet der Weg zu neuen Ufern wieder im alten Hafen.

In jedem Sprichwort steckt mehr als nur ein Körnchen Wahrheit: Mentale Vollkornkost, die gesund ist!

Obwohl man die Dinge voraussieht, hat man oft das Nachsehen: Der Prophet gilt eben nichts im eigenen Lande !

Bigamie: Ein Glück kommt selten allein - in der Liebe kann das Unglück bedeuten.

Glück im Unglück: Krankwerden und an den richtigen Arzt geraten.

Neue Besen kehren gut, vor allem vor der eigenen Tür.

Die eigene Ansicht führt selten bei anderen zur Einsicht: Erst stellt man sich einer Beziehung, und dann bezieht man Stellung.

Alt ist man, wenn man nicht mehr eifersüchtig werden kann.

Das Wort Lohn leitet sich auch von Belohnung ab und nicht nur davon, ob die Arbeit sich lohnt.

Kaltblüter leben länger - also ruhig Blut!

Unsere heiligen Kühe beliefern uns mit der Milch der frommen Denkungsart.

Eine Autobiographie ist ein Komposthaufen von Lorbeerblättern.

Verantwortung tragen heißt, Antworten immer wieder in Frage zu stellen.

Wenn man glaubt, die Wahrheit gepachtet zu haben, so ist das für unser Selbstbewußtsein schon die halbe Miete.

Der eingebildete Kranke geht von dem Irrtum aus, daß er an einem Irrtum eingehen könnte.

Es ist gut, wenn der Gute nicht erfährt, daß er eigentlich hätte besser sein können.

Jeder hat seine Weltanschauung aus eigener Sicht und persönlicher Perspektive.

Der Schlaganfall ist weder ein Schlag noch ein Anfall, er lähmt uns schleichend, daher war der alte Name Schlagfluß besser.

Was einem aus dem Herzen spricht, das trägt man auch mit dem Brustton der Überzeugung vor.

Wer den anderen in seinem Irrtum bestärkt, schwächt ihn in Wahrheit.

Talkshow: Man vertieft sich in oberflächliche Gespräche.

Ob die Frau die bessere Hälfte des Mannes ist, sei dahingestellt, oft ist sie aber heute die besser verdienende Hälfte des Mannes.

Das meiste Geld haben die verdient, die es nicht verdient haben.

Die Armen und die Reichen: Die einen sorgen für ihren Lebensunterhalt, die anderen sorgen für ihre Lebensunterhaltung.

Was früher die Allgemeinheit für jeden war, ist heute die Gemeinheit aller gegen jeden.

Auch das Aussehen des Menschen macht sein Ansehen aus, und doch gibt es unansehnliche Menschen mit hohem Ansehen: Ebenfalls Kranke können unansehnlich wirken - .

Manch einer macht heute eine Blitzkarriere, d.h. die Leichen, über die er geht, sind noch nicht kalt.

Hautkrankheiten sind einem äußerlich anzusehen, machen uns aber innerlich krank, weil sie unser Ansehen beschädigen.

Sport bringt Bewegung ins Leben und Leben in unsere Art sich zu bewegen.

Gesundheitsstatussymbole: Oft ist die Sportbekleidung wichtiger als der Sport.

Eigenlob stinkt: Wen wundert es, wenn dann alle verduften?

Zu ihrem Glück waren viele große Persönlichkeiten in ihrer Jugend sehr unglücklich.

Zum Glück wird die Langeweile immer wieder für eine Weile durch Zufälle unterbrochen.

Was wir im Gedächtnis behalten, paßt zu uns, was wir nicht behalten, paßt uns auch nicht.

Klinische Visite: Der Arzt ist schwerhörig, der Patient hellhörig.

Schlechte Sprüche sind Trainingseinheiten für gute.

Einen lustigen Witz muß man ganz ernst erzählen: Als Spaßvogel darf man nicht abheben.

Der Privatpatient will immer das Beste vom Besten für seine Besserung.

Die Kunst des Schreibens besteht auch darin, einiges von sich preiszugeben, ohne sich zu preisen.

Ehe: Im gegenseitigen Vertrauen läßt man sich trauen.

Wer angibt hat mehr vom Leben, wenn dadurch kein Neid entsteht.

Was einem auf den Magen schlägt, sollte man sich aus dem Kopf schlagen.

Wer seinen Kopf durchsetzen will, muß anderen die Stirn bieten können.

Die Zeit bis zum Tod schlagen viele Menschen tot.

Wer seine Karten offen legt, hat seine Trümpfe schon aus der Hand gegeben.

Man sollte immer die ganze Wahrheit sagen, aber nie die volle.

Heute kann man einen Menschen schnell kennenlernen, aber das Erkennenlernen muß dann noch gelernt werden.

Zufriedenheit ist die Gewöhnung an das Glück.

Ein Clown nimmt die Schwächen seiner Mitmenschen ernst und dann zum Spaß auf den Arm.

Selbstzweifel: Die Wahl der Qual, oder wie man sich selbst erniedrigt, um wieder Lust zu bekommen, hoch zu kommen.

Burn-out-Syndrom: Die meisten Menschen, die ausgebrannt sind, sind auch finanziell abgebrannt.

Zur Macht gehört der Mitmensch, insofern ist jeder Tote im Machtbereich auch ein Verlust an Macht.

Der Rufer in der Wüste wird selten gehört, weil um ihn herum alle gekommen sind, um den Kopf in den Sand zu stecken.

Das Unglaubliche ist heute immer noch am glaubhaftesten.

Zufriedenheit ist die Entropie des Glücks: es nivelliert sich durch Niveauverlust.

Die größte Enttäuschung wäre man selbst, wenn man nicht sich selbst immer täuschen würde.

Handwerker sind gelernte Heimwerker, die einen drauf setzen.

Verständnis für einen ist meist das, was der andere unter einem versteht.

Was die Sonne anbetrifft, so müssen wir ein Schattendasein führen, wegen der unerwünschten Nebenwirkungen.

Der Pädagoge hat das Lehren gelernt und lehrt, wie man lernt.

Es gibt mehr Möglichkeiten, krank zu werden, als es Möglichkeiten gibt, gesund zu werden.

Früher wünschte man sich im Leben eine sinnvolle Erfüllung, heute erfüllt man sich nur sinnlose Wünsche.

Natürlich kann der Mensch sein Leben ändern, aber nicht gegen seine Natur.

Geizige Menschen leben länger: Sie geizen selbst mit ihren Lebensjahren und wollen keines davon abgeben.

Bei viel gefragten Menschen erwartet man auch viele Antworten.

Verdienste gelten nur dann als solche, wenn man dabei kein Geld verdient hat.

Eine Ehe auf Gedeih und Verderb: Das Verderben gedeit und das Gedeihen verdirbt.

Der Lebensgefährte, manchmal auch der Lebensgefährdende.

Uralt ist man, wenn man keine Lust mehr am Geldverdienen hat.

Die Entwicklung des Menschen bringt die Affen auf die Palme.

Ein Satiriker ist jemand, der scharfen Senf produziert, weil er den Menschen als armes Würstchen hinstellt: Friß oder stirb.

Der schlechte Ruf hat immer noch das größte Echo.

Rufmord: Er verschaffte dem anderen einen so guten Ruf, daß dieser sich völlig zurückzog - aus Angst zu enttäuschen.

Wahl: Wer seine Stimme abgibt, überläßt dem Gewählten das Sagen.

Der SPD gelingt es noch nicht einmal, bei der CDU ins Schwarze zu treffen.

Wenn man älter wird, überblickt man immer mehr Zusammenhänge, was damit zusammenhängt, daß man immer mehr übersieht.

Wer viel den Mund aufreißt, dem kann man auch viel in den Mund legen.

Es gibt Menschen, die einen gesund machen, und Menschen, die einen krank machen. Erstere sollte man sich als Freunde wählen, letztere sollte man nicht heiraten.

Konsumzwang: Man kauft - ob man will oder nicht.

Er wollte unsterblich sein, sein Werk überlebte ihn auch - bis es sich überlebte.

Leider werden nur die Erkenntnisse umgesetzt, die Umsätze erkennen lassen.

Der Blauäugige sieht die Welt durch eine rosa Brille.

Ironie ist der Humor der Unterlegenen, die an ihrer Überlegenheit ihren Spaß haben.

Manch einer geht über die Leichen, die er auf dem Weg seiner Karriere totgeschwiegen hat.

Wer einen Menschen mundtot gemacht hat, schweigt sich dazu aus.

Juristen boxen sich meist als Rechtsausleger durch.

Grafitti sind Sprachfetzen in Form fetziger Sprüche.

Aus dem bevormundeten Kranken kann schnell der entmündigte Patient werden.

Bei einigen Menschen hat der Lebenslauf nicht viel mit einem Werdegang zu tun.

Wer in einer Pionierzeit einer Sache gedient hat, hat Brücken gebaut, über die andere dann gehen konnten.

Die Bewunderung für andere kann auch bei einem selbst Wunder bewirken.

Bevor einem der Kragen platzt, bekommt man einen dicken Hals.

Den Scheinheiligen ist nur der Geldschein heilig.

Das Leben genießen, aber nicht nur für den Genuß leben!

Die Schnäppchen-Mentalität: Nach Möglichkeit jede Möglichkeit wahrnehmen!

Es darf nicht der Fall sein, daß der Patient nur ein Fall ist.

Wenn man nicht auf den Mund gefallen ist, fällt man im Leben auch nicht auf die Schnauze.

Wagemut: Wer wagt, wägt nicht ab, wer abwägt, wagt nichts.

Homöopathie: Dein Aberglaube hat dir geholfen?

Urlaub: Die Erlebniswelt des Spießers oder die Abenteuerlust des Gelangweilten?

Das Schwierigste: Hoffnungen begraben zu müssen, bevor man selbst begraben wird.

Wenn man todunglücklich ist, kann einen das ins Grab bringen.

Wortanführer erkennt man daran, daß sie immer das letzte Wort haben wollen.

Man hat es im Leben weit gebracht? Nein, man hat sich im Leben weit gebracht!

Karriere eines Schleimers: Kopf einziehen, Bauch einziehen, Schwanz einziehen.

Manchmal befindet sich gähnende Leere auch im Kopf des Gähnenden.

Der Deutsche ist wohlstandhaft geworden.

Manch einer hat sich an seine Angewohnheiten gewöhnt und wundert sich, daß sein Leben nicht ungewöhnlich ist.

Gewohnheiten machen den Menschen zur Immobilie, d.h. seine Lage ändert sich nicht.

Krebs: Man kämpft ums Überleben, aber man überlebt den Kampf nicht immer.

Es gibt nicht nur die Fleischeslust, sondern auch die Sitzfleischeslust.

Medizinische Untersuchung: Anhören, Abhorchen, Zuhören, Aufhorchen.

Wer eine soziale Ader hat, versucht mit finanziellen Transfusionen den sozialen Aderlaß zu kompensieren.

Für die Wissenschaft von der Hygiene ist der letzte Dreck das allererste, was sie unter die Lupe nimmt.

Wir drücken uns vor den Dingen, die uns bedrücken könnten, und wir setzen Druck hinter die Dinge, die uns vom Druck befreien könnten.

Nachdem man ihn über den Tisch gezogen hatte, wurde auch noch sein Tafelsilber veräußert.

Heute macht man sich alles zunutze, um den anderen auszunutzen.

Vor allem bei den verschiedenen Diäten zum Abnehmen wird kräftig abgesahnt.

Heute ist noch nicht einmal der Internist so gutgläubig, an das Gute im Menschen zu glauben.

Bei stolz geschwellter Brust ist eine Nabelschau wohl kaum möglich.

Wenn das Finanzamt den Zahnärzten auf den Zahn fühlt, so kann das äußerst schmerzhaft sein.

Besserwisserei ist die Rechthaberei der Halbgebildeten.

Ihr Mann war eine Nervensäge - er schnarchte.

Das wahre Standesbewußtsein heute: Die Wahrung des Besitzstandes.

Ihm fiel kein Stein vom Herzen, folglich drückte er das Herzkranzgefäß zu !

Der Mensch ist nun mal fehlerhaft angelegt, und deshalb macht er Fehler, ohne es darauf anzulegen.

Wir richten uns nach dem für uns Richtigen, falls wir es als solches auch erkannt haben.

Aus der Ballonfahrt lernen wir: Um nach oben zu kommen muß man viel Ballast abwerfen und viel an heißer Luft produzieren.

Ein Arzt, der seinen Patienten wieder auf die Beine gestellt hat, sollte ihn auch laufen lassen - selbst wenn er Privatpatient ist.

In einem schlechten Gewissen liegt oft der innere Schweinehund begraben.

Eine Modeströmung tritt ein, wenn es Mode ist, gegen den Strom zu schwimmen.

Intuition: Es werden einem Dinge klar, die man nicht klar ausdrücken kann.

Heute hat der gute Arzt den Kopf so voll, daß er einige Entscheidungen aus dem Bauch heraus treffen muß.

Wer in seinem Umkreis keine Anerkennung findet, sucht sie im Umkreis derer, die schon Anerkennung haben.

Ich halte Selbstgespräche, und die sind selbstverständlich nur mir selbst verständlich.

Freundschaft entsteht, wenn der andere einem aus der Seele spricht.

Bei Schlagworten verschlägt es einem die Sprache.

Viele Menschen haben ein Herz aus Stein, daher kennen sie auch nicht das entlastend-befreiende Gefühl, wenn einem ein Stein vom weichen Herzen fällt.

Opposition bedeutet , daß man aus der Froschperspektive genüßlich beobachten kann, wie die Regierenden eine Kröte nach der anderen schlucken müssen.

Es gibt inzwischen eine derartige Überschwemmung mit Informationen, daß wir in dieser Hinsicht alle baden gehen.

Das Salz der Frauentränen hat schon so manchen Ehemann eingepökelt.

Heiße Luft entsteht, wenn Windeier ausgebrütet werden.

Autobiografie: Ist eine Wiederaufbereitungsanlage für schlecht verlaufene Lebensläufe.

Arschlöcher erkennt man daran, daß sie scheißfreundlich sind, wenn es ihnen beschissen geht.

Viele, die nicht sattelfest sind, sitzen fest im Sattel.

Armut ist, wenn man sich keinen Urlaub mehr leisten kann?

Wer mit dem Strom schwimmt, dessen Selbstbehauptung geht den Bach herunter.

Nach einem erfolgreichen Leben stirbt es sich ruhiger.

Der aufrechte Gang hat den Nachteil, daß man gelegentlich auf die Schnauze fällt; der Kriechgang hat den Nachteil, daß man oft die Schnauze hält.

In der Wissenschaft können einen einleuchtende Erklärungen ganz schön hinters Licht führen.

Bei Geistesblitzen geht einem ein Licht auf, vorausgesetzt, daß die Nervenleitungen dafür vorhanden sind.

Wer sich gut eingelebt hat, kann sich schlecht ausleben: Die Gewohnheit wird zur Macht.

Viele hören sich am liebsten selbst reden, weil sie die Reden anderer nicht mehr hören können.

Nur wer sich gelegentlich dem anderen entzieht, verliert nicht an Anziehungskraft.

Der freie Wille ist das, was weder durch die eigenen Gene noch durch die Gene anderer beeinflußt werden kann.

Mobbing: Man spielt einem so lange übel mit, bis dieser wohl oder übel nicht mehr mitspielt.

Es gibt nicht nur das Job-killing, sondern auch das Killing by Job, d.h. man kann durch Delegieren eines ungeliebten Jobs den anderen fertigmachen.

Karriere: Heute muß man wissen, wie man was wann und wodurch wird, ohne daß die anderen das wissen.

Ganzheitsmedizin: Dem Hirntumorpatienten ist es kein Trost, wenn man ihm erzählt, daß Herz, Leber und Nieren völlig in Ordnung sind.

Gesundheit für alle - aber nicht alles für die Gesundheit.

Dummheit ist entweder die Intelligenz angeborenen Schwachsinns oder aber der erworbene Schwachsinn eines untrainierten Gehirns.

Ein christlicher Lebenswandel und eine erfolgreiche Karriere schließen fast einander aus.

Daß der Mensch schön sein kann, das zeigen uns die Frauen, daß der Mensch gut sein kann, das beweisen sie uns bei Gelegenheit ebenfalls.

Wenn andere mir zusetzen, setze ich mich ab, aber wenn andere sich von mir absetzen, so setzt mir das zu.

Da es das Teuflische im Menschen mit Sicherheit gibt, muß es logischerweise auch das Gegenteil, das Göttliche im Menschen geben, denn kein Pol ist ohne Gegenpol.

Resignation ist das Abseits einer absolut streßfreien Zone, eine Art Selbstverurteilung zu Isolationshaft - selten auf Bewährung.

Die ohnmächtige Lage des Patienten fordert die Machtstellung des Arztes geradezu heraus.

Ungerechtigkeit ist eine Form des Bösen, welche das Böse zugleich erzeugt.

Gehässigkeit ist die klammheimliche Wut des Neiders.

Als Lamm eines schwarzen Schafes blickt man recht belämmert in die Welt.

Erfolg beflügelt, denn unsere Ellenbogen sind die Flügel, mit denen wir nach oben kommen.

Ein Nebenbuhler möchte nicht den Menschen, der an deiner Seite ist, sondern er möchte gerne Du sein an der Seite dessen, der neben dir ist und der dich liebt.

Manchmal weiß man nicht, wer einen mehr behindert: Sind es diejenigen, die einem im Weg stehen, oder sind es die, die den gleichen Weg gehen.

Witzig sein und Humor haben ist so wie lauthals lachen und weise schmunzeln.

Man muß sich heute gut verkaufen können, ohne selbst käuflich zu werden.

Derjenige, der sein Feld bestellt, ist nicht immer der, der auch die Ernte verkauft.

Politik ist manchmal auch die Kunst, durch lebendige Reden die Dinge auf den toten Punkt zu bringen.

Beim Optimisten werden Erwartungen enttäuscht, beim Pessimisten werden Enttäuschungen erwartet.

Erfolgsdruck macht platt, weil er das letzte aus einem herauspreßt.

Wenn man mit seiner Leistung zufrieden ist, kann der Erfolg nicht gesteigert werden.

Übergewicht: Wenn man gut verpflegt wird, pflegt man sich nicht mehr so gut, und wenn man gut versorgt ist, macht man sich weniger Sorgen!

Die Liebe ist zur Erhaltung des Lebens notwendig, der Haß nicht: Folglich wird die Liebe überleben !?

Wenn die Hoffnung wartet, sprechen wir von Erwartungen.

Er setzte sich aufs hohe Ross und glaubte, auf diese Weise als hohes Tier imponieren zu können.

Manch einer glaubt, daß er nur dann festen Boden unter die Füße bekommt, wenn er über Leichen geht.

Die meisten Menschen sind heutzutage so cool, daß man sich schon warm anziehen muß, wenn man sich mit ihnen unterhalten will.

Wer Windeier bebrütet, kann nur mit einem Furz rechnen.

Gleich und gleich gesellt sich gern - im Konkurrenzkampf untereinander!

Manche Menschen benehmen sich so verrückt, daß man selbst darüber verrückt werden könnte.

Der Gesunde möchte vom Arzt gerne wissen, wie sehr er gesund ist; der Kranke möchte vom Arzt gerne wissen, wie wenig er krank ist.

Brain- und Bein-Jogging: Wer was im Kopf hat, hat auch was in den Beinen und umgekehrt.

Engagement ist das, was man ohne Gage tut.

Die meisten Unterredungen dienen lediglich dazu, daß einer versucht, den anderen zu überreden.

In jedem Erfolg steckt auch eine ganz persönliche Rehabilitationsmaßnahme - .

Gute Gedanken muß man schnell an die große Glokke hängen, bevor andere etwas davon läuten hören und sie klauen.

Der Kölner im Spagat in zwei Fettnäpfchen: Entweder ein guter Klüngeler oder ein guter Katholik. Meistens ist er ein schlechter Katholik: Gläubig, aber nicht glaubhaft.

Er war in eine Frau vernarrt, und diese machte ihn daraufhin zum Narren.

Mein Nachfolger folgt mir nach - ich fühle mich hintergangen.

Wichtigstes Mobiliar in der Arztpraxis: Der Krankschreibtisch - !

Bei meinen Büchern liegt die Zahl der Plagiatoren höher als die der Käufer: Folglich müssen sich mehrere eines Buches bedient haben.

Mancher Mann versagt, weil beim Vorspiel die Überzeugungskraft stärker war als beim Nachspiel die Zeugungskraft.

Dem „Neger" muß man schon entsprechend Geld geben, wenn man schwarz arbeiten läßt.

Betroffenheit ist auch das beruhigende Gefühl, nicht betroffen zu sein.

Sport versucht die ererbte Konstitution durch antrainierte Kondition etwas zu verbessern.

Unehrlich ist man vor allem dann, wenn man vom anderen etwas will.

Die meisten guten Formulierungen entstehen im Gespräch, wenn Sprache formuliert werden muß, und weniger beim Schreiben, wenn Gedanken formuliert werden müssen.

Politischer Klüngel: Geheime Absprachen finden allgemein Zuspruch vor einer öffentlichen Aussprache, welche die Menschen ansprechen soll.

Oft haben Menschen in unserem Leben eine schicksalhafte Rolle gespielt, ohne daß sie jemals davon erfahren haben: Auch das ist eins der Geheimnisse des Lebens.

Resignation ist der lange Weg zur Hoffnungslosigkeit.

Die Beschäftigung mit der Geschichte dämpft jeden Ehrgeiz: Man erkennt im eigenen Fachgebiet bereits, wie kurzlebig der Ruhm der Großen ist - jeder war groß, aber jeder nur zu seiner Zeit, wenige haben überlebt.

Wenn das Pech einem an den Füßen klebt, kann man seinem Schicksal nicht davonlaufen.

Glück und Zufall gehören zusammen wie Pech und Schwefel.

Zucker und Salz machen das Fett schmackhaft - in Schokolade und Schmalz!

Wenn man aus dem Rennen ist, ist es schwer, wieder Tritt zu fassen.

Liebe ist Heimweh nach einem Menschen, bei dem wir uns zuhause fühlen.

Manch ein Patient fälscht seine Krankengeschichte im nachhinein, um ein Eigenverschulden möglichst auszuschließen: Diese Erkenntnis würde seine Abwehrkräfte belasten.

Vor der Diagnose will der Patient nichts von seiner Krankheit wissen, nach der Diagnose will er alles über seine Krankheit wissen: in beiden Fällen ist er von Hoffnung getrieben.

Der Zeitgeist kann auch in der Abwesenheit von Geist bestehen.

Wenn man abgeschrieben ist, wird man weniger angeschrieben.

Je ehrlicher man sich selbst und anderen gegenüber ist in bezug auf seine Schwächen, umso mehr Menschen können sich mit einem identifizieren, daher sind es auch nur die menschlichen Schwächen der Stars, die sie populär machen.

Er nahm mir die Worte aus dem Mund: Geistiger Diebstahl in letzter Minute.

Auch das Altwerden fängt im Kopf an und hört in den Beinen auf: Eine Frage der abnehmenden Beweglichkeit.

Feierabend: Freier Abend oder Freier-Abend !?

Beerdigung: Die Beerdigung eines Toten lebt von der Teilnahme der Anteilnehmenden, die sich danach ihren Anteil nehmen.

Wenn man zu vertraut miteinander ist, freut man sich über jede Form der Entfremdung - sie gibt uns ein Stück Freiheit zurück.

In dem Wort mitteilen steckt auch das Wort teilen, d.h. man soll nur einen Teil mit dem anderen teilen.

Sie hielt ihren Mann für einzigartig, weil sie glaubte, er sei der einzige, der artig sei, als einziger seiner Art.

Karriere bedeutet: Auf dem Weg nach oben gibt es keine Gehpausen.

Jedes Alter hat seinen Lebens-Zeitgeist.

Anständigkeit ist auch eine Form des Masochismus.

Umwelt für die Nachwelt: Jeder möchte gerne biologisch unsterblich sein, aber die Voraussetzungen dafür im Hinblick auf die Kindeskinder zu schaffen, das schaffen wir nicht.

Ehekrise: Als sie dann wieder auf sich hielt, hielt sie ihn dann wieder auf - .

Auf der Bühne des Lebens sind wir die Schauspieler: Die Verkleidung wählen wir, den Text schreiben uns die Gene, und wenn wir nicht mehr weiter wissen, hilft uns das Glück im Souffleurkasten.

Der Sport dient der Fitness: Kein Altern der Abwehr und Abwehr des Alterns, denn Schweiß ist eine gute Heilquelle !

Wenn die Rechnung eines Menschen im Leben nicht aufgegangen ist, rechnet er mit seinen Mitmenschen ab, ohne sich eigene Fehler anzurechnen.

Wenn es in der Liebe gefunkt hat, hat man einen Funken Hoffnung und hofft, daß keine Funkstille eintritt.

Besondere Erlebnisse prägen, weil sie sich einprägen: Sie werden mit dem Gedächtnis vererbt.

Terror ist der Wutanfall des Hasses oder der Versuch, ihn los zu werden.

Unsere Phantasie simuliert den Ernst des Lebens, sie ist eine Form des mentalen Trainings.

Er heiratete eine reiche Frau: Mit ihr konnte er zwar keine Pferde stehlen, aber jede Menge Pferde kaufen.

Nachtbummel: Außer Tresen nichts gewesen, doch auch am Tresen kann die Seele genesen.

Bei hochfliegenden Plänen darf man nicht abheben, sonst verliert man den Boden unter den Füßen.

Auch im Leben des Durchschnittsmenschen gibt es Sternstunden, in denen er ein absoluter Star ist.

Nicht jeder Sieger ist ein Gewinner und umgekehrt!

Eine Frau muß nicht bei jeder Gelegenheit alles zeigen, was sie hat, aber sie muß alles haben, um es bei Gelegenheit zeigen zu können.

Der Mann, der in der Sexualität ein Bedürfnis befriedigt, denkt selten daran, daß auch die Frau der Befriedigung bedarf.

Bei manchen Menschen, die in der Öffentlichkeit stehen, wird eine normale Leistung durch ein überproportionales Image verstärkt, welches dann noch durch die Medien transportiert und multipliziert wird: Mit heißer Luft kommt man immer nach oben.

Angst macht vorsichtig, weil jeder Weg falsch sein kann, Platzangst macht unvorsichtig, weil einem jeder Ausweg recht ist.

Offenbarungseid: Wenn man keine Mäuse mehr hat, muß man die Katze aus dem Sack lassen.

Auch in der wahren Liebe will der Liebende belogen, aber nicht betrogen werden: Das Image des Geliebten ist das mentale Korsett der Verehrung.

Auf weite Sicht gesehen, leben wir nur für die kurze Aussicht auf einen schönen Augenblick.

Wenn man einen Menschen nicht riechen kann, dann stimmt die Chemie nicht – auch in anderen Bereichen.

Der Erfolg verleiht Flügel, deshalb benimmt man sich nach einem Erfolg oft so, als ob man einen Vogel hätte.

Mentales Training bedeutet innerliche Vorbereitung, ohne sich nach außen darüber zu verbreiten.

Im Alter nehmen die Notlügen zu: Manch einer, der dann schwerhörig ist, gibt sich als Besitzer einer Diskothek aus.

Was die Sexualität anbetrifft, schwankt der Mann immer zwischen seinem Stehvermögen und seiner Standhaftigkeit.

Mit Natürlichkeit kommt man heute nicht mehr weiter: Dafür ist der Mensch viel zu unnatürlich.

Nicht die Leistung entscheidet, sondern das werbewirksame Image des Leistenden.

Wer mich beanspruchen will, spricht mich an - per Telefon.

Kleckern oder Klotzen: Das eine ist zum Meckern, das andere oft zum Kotzen.

Das ständige Unrecht scheint ein beständiges Gewohnheitsrecht in unserer Welt zu sein.

Auch in einer ausgefranzten Ehe sollte man auf dem Teppich bleiben.

Menschen, die um ihrer selbst oder wegen mangelnden Geldes nicht geliebt werden, spezialisieren sich schließlich nur auf ihre Sexualität.

Sieger wird man immer nur auf Kosten von Verlierern, deshalb überschätzen Einzelgänger sich oft.

Bei gewaltigem Streß sieht das Gehirn alt aus, was zur Folge hat, daß im höheren Alter der Streß keinen Ansprechpartner mehr hat.

Bildung und Paarungstrieb gehen heute Hand in Hand: Immer noch ist die Volkshochschule die beste Eheanbahnung.

Leseratten verlassen nie das sinkende Schiff - des verehrten Bestseller-Autors!

Sex: Wenn zwei das gleiche wollen, ist es immer das gleiche.

Wenn ich will, daß mir keiner folgt, dann gehe ich eben mit gutem Gewissen voran.

Mode: Der Stoff, aus dem die Träume sind, und die Träume, die aus Stoff sind.

Daß wir aus unseren Fehlern lernen, das nimmt mit dem Quadrat der Entfernung von diesen Fehlern ab.

Eigentlich lernt nur der Arzt aus der Geschichte - aus der Krankengeschichte des Patienten.

Gefühle werfen Fragen auf, die wir eigentlich nur mit Gefühlen beantworten können.

Die meisten Fehler machen wir unbewußt, was einem später dann bewußt wird.

Die Medien sorgen dafür, daß das aufregende Leben der anderen vom eigenen langweiligen Leben ablenkt.

Unsere Gutmütigkeit macht den Bösen Mut.

Leistung, ohne ein Image zu haben, ist fast schon imaginär.

Lebensregeln sind Regeln, die ein Leben regelmäßig regeln - oder verriegeln !

Wir besitzen nur eine Wahrheit - den Besitzstand wahren.

Bildung: Das Hintergrundwissen steht heute nicht mehr im Vordergrund.

Das Gute ist die rühmliche Ausnahme von einer unrühmlichen Regel.

Gesundheitsapostel glauben immer, daß sie das Evangelium verkünden.

Auch faule, träge Fische schwimmen mit dem Strom.

Wenn man sich im Leben eingerichtet hat, richtet man nichts mehr aus.

Ein Aphorismus ist der Versuch, daß über eine Sache einmal in einem Satz das letzte Wort gesprochen wird.

Der Forscher nimmt die Wissenschaft tierisch ernst: Wenn eine Sache einen Pferdefuß hat, dann bleibt er ihr auf den Fersen.

Ich passe nicht ins Bild, folglich falle ich aus dem Rahmen.

Der Durchschnittsdeutsche ist Durchschnitt.

Was bei dem einen das Salz in der Suppe ist, kann bei dem anderen das Salz in der Wunde sein.

Sie produzierten in ihrer Ehe soviel Asche, daß gleich zwei Phönixe daraus hervorgingen - nach der Scheidung.

Sex im Alter: Früher ging es, wenn man probierte, heute probiert man, ob es noch geht.

Das Positive einer Beziehung: Wenn man mit einem Menschen geht, läßt man sich nicht gehen.

Wenn man nichts vom Leben zu erwarten hat, tut man schließlich, was die Lebenden von einem erwarten.

Wer im Alter angibt, glaubt mehr vom Leben zu haben.

Als sie keinen Sündenbock fand, wurde sie zickig.

Manch einer heiratet in der Hoffnung, vom anderen dann endgültig geheilt zu werden.

Gewalt ist Machtanspruch, ohne Geld zu haben.

Der gewöhnliche Mensch aufgrund seiner Gewohnheiten: Das gewöhnliche Leben besteht aus Lebensgewohnheiten - daher ist uns die Sehnsucht nach dem Rausch auch angeboren.

Durchfall kommt oft mit Windeseile - .

Das, was heute in den Hotels am wenigsten geklaut wird, ist die Bibel.

Sie war ein Besen. Er machte ihr den Hof. Sie kehrte ihm den Rücken zu und kehrte weiter vor ihrer eigenen Tür.

Es gibt Menschen, die sind nur glücklich, wenn sie unglücklich sind: Es sind enge Verwandte der Hypochonder-Familie - .

Er konnte ihm das Wasser nicht reichen - jetzt hat er Oberwasser.

Wer Zeit verschenkt, darf keine Gegenleistung erwarten - .

Der Apfel fällt nicht weit vom Baum, aber alle anderen Dinge, die einem hinfallen, findet man da wieder, wo man sie nicht sucht.

Es gibt keine echten Geschenke: Entweder man hat ein schlechtes Gewissen oder man erwartet eine Gegenleistung.

Langeweile: Man wartet ohne Ziel.

Wenn man sich die Angst von der Seele schreibt, hat man auch keine Angst mehr, von seiner Seele zu schreiben.

Kleine Ziele zu treffen ist schwerer als große Ziele anzuvisieren.

Mancher Hoffnungsschimmer beruht darauf, daß man keinen Schimmer Ahnung hat.

Um die Gunst Angesehener zu werben, kann das eigene Ansehen verderben.

Es ist schon ein Witz, daß mit dem deutschen Humor nicht zu spaßen ist.

Man sieht selten, was hinter dem Rücken geschieht, auch beim Friseur nicht.

Höflichkeit ist auch immer mit einer gewissen Scheu verbunden: Man möchte etwas von Hofe erhoffen, oder von denjenigen, die Hof halten.

Wer im Alter viel angibt, macht unbewußt auch Angaben zu seinem Alter.

Menschen, die schon oft Böcke geschossen haben, kann man leicht zum Sündenbock machen.

Verkehr: Auch der wirklich Gesunde ist sich heute seines Lebens nicht sicher - !

Zeitungsenten schwimmen schnell, denn sie schwimmen immer mit dem Strom der Zeit.

An Karneval bleibt der Kölner seinem untreuen Verhalten treu oder wird seinem treuen Verhalten untreu - .

Früher: Jäger und Sammler, heute Schürzenjäger und Rammler.

Humor gehört zu den mentalen Entspannungsübungen des Gehirns.

Ist der Verdienst schmal, werden auch die Verdienste geschmälert.

1. FC Köln: Der Vorstand besteht aus Toren, der Tabellenstand aus Gegentoren.

Man ist verwegen, wenn man es wagt, auf anderen Wegen sich zu bewegen: Der Waghalsige riskiert Kopf und Kragen.

Sich fordern ohne eine Überforderung dabei zu fördern: Eine Forderung im Leistungssport.

Mancher politische Einwand dient nur als Vorwand, um etwas abzuwenden, was man später selbst anwenden möchte.

Das Schöne zeichnet sich durch seine Einmaligkeit aus.

Ohne gute Erinnerung ein schlechtes Gedächtnis.

Wer von seinem hohen Roß steigt, steigt im Ansehen, weil er erkannt hat, daß nur das Pferd beschlagen ist!

Starke Menschen verdanken dies nicht selten ihren menschlichen Schwächen.

Bei Gegenwind geht einem Führenden die Luft aus, bei Rückenwind bekommt er Wind von seinen Verfolgern.

Der platonische Liebhaber: Er liebt die Frauen, aber er hat Angst, es ihnen beweisen zu müssen.

Oft wird von der Ehefrau das Kind im Manne mißbraucht, indem sie dem Spieltrieb nachgibt, wenn er der Domestizierung dient.

Bei der Suche nach der besseren Hälfte denken viele Männer auch an eine bessere Lebenshälfte - für sich.

Sprichwörter sind Weisheiten, welche das Leben dem Volk in den Mund gelegt hat.

Hochgestellte Personen werden ganz selten abgestellt, sie werden nur woanders wieder eingestellt, dort, wo sie nichts anstellen können.

Das Wort Ehebruch könnte sich auch von Eheausbruch ableiten.

Heute kann man sich nur profilieren, wenn man kein Profil hat.

Besitz macht besessen: Heute setzt man auf Besitz und sitzt auf Immobilien.

Selbstdarstellung: Das Gute zeigt man, das Schlechte verschweigt man.

Wir können uns Zeit im Leben nehmen, außer der, die man uns gestohlen hat.

Frauen nutzen gefühlsmäßig ihren Verstand, Männer nutzen verstandesmäßig ihre Gefühle.

Viele Menschen, denen man erfolgreich die Daumen gedrückt hat, drücken einem im nachhinein nicht einmal die Hand.

Wenn man Oberwasser hat, so ist das Wasser auf die Mühlen der Konkurrenten und Neider.

Die Menschen werden nicht freundlicher, obwohl immer mehr voneinander etwas wollen.

Am Anfang einer Liebe liebt man den anderen mehr als sich selbst, am Ende einer Liebe haßt man sich selbst deswegen mehr als den anderen.

Hotelbuchung: Man steigt entsprechend ab, wenn man entsprechend aufgestiegen ist - .

Reisen mit dem Partner halbiert die Abenteuererwartung, aber verdoppelt das Reiseerlebnis.

Nicht Rezepte für die Gesundheit braucht der moderne Mensch, sondern Konzepte zur Gesunderhaltung.

Das Unglück anderer macht nicht glücklich, aber es tröstet.

Wenn man von einem anderen etwas will, sagt man nicht die Wahrheit.

Die Unwahrheit sagt man ins Gesicht, die Wahrheit hinter dem Rücken.

Der Pessimist sagt: Wer einen Funken Verstand hat, der hat keinen Funken Hoffnung. Der Optimist behauptet das Gegenteil: Wer einen Funken Verstand hat, hat auch einen Funken Hoffnung.

Der Kranke plädiert immer auf „Nicht schuldig" in seiner Krankengeschichte.

Für den Ernährungswissenschaftler war Küssen ursprünglich nichts anderes als Nahrungssuche durch Mundraub.

Die Steigerung von Sonderangebot heißt Geschenk.

Früher: Ein anständiges Standesbewußtsein, heute ein unanständiges Besitzstandesbewußtsein?

Motivation: Wer an den Start geht, hat auch ein Ziel.

Viele Menschen, denen man erfolgreich die Daumen gedrückt hat, drücken einem im nachhinein nicht einmal die Hand.

Altersgeiz: Geld verleiht Macht - und wer will die schon ganz aus der Hand geben?

Seitdem er Übergewicht hatte, lebte er nicht mehr so unbeschwert.

Im Alter nennt man den Herbst Spätsommer - .

Es gibt nicht nur die platonische Liebe, es gibt auch Leute, die platonisch fremd gehen.

Unglück ist wie ein Filmriß - man kann nicht mehr zurückspulen und das Geschehene ungeschehen machen.

Klüngel: Manchmal wundert man sich, daß hinter vorgehaltener Hand eine Hand die andere waschen kann.

Wenn im Alter die Reize nicht mehr reizen, will man nicht mehr mit der eigenen Ehre geizen.

Wenn die Konkurrenz Wind bekommt, steht man im Durchzug.

Wer erfolgreich klüngelt, ist wie ein Tausendfüßler; denn er hat überall einen Fuß in der Tür.

Sport ist auch der Tummelplatz und die Spielwiese für das Kind im Manne.

Besonders schwer ist es, gegen den Strom eines Redeflusses zu schwimmen - am besten läßt man ihn ausufern, bis er versickert.

Manchmal wäscht eine Hand die andere - händeringend.

Nicht jeder, der auf hohem Roß sitzt, ist auch sattelfest.

Das Wort Amtsschimmel bedeutet, daß man solange im Amt bleibt, bis man Schimmel ansetzt.

Liebesnot kennt kein Gebot: Entweder der oder die eine oder den Tod.

Auf Menschen mit Anspruchsdenken sprechen denkende Menschen schlecht an.

Der Klugere gibt nach - das war der Beginn der Völkerwanderung und vieler Flüchtlingsströme.

Wer in Sektlaune zuviel ausplaudert, wird kaltgestellt.

Kopf hoch, wenn einem das Wasser bis zum Hals steht - und nicht zum Schluckspecht werden!

Die Werbung hofft, daß sie das Anspruchsdenken der Menschen anspricht - ohne Bedenken.

Frust entsteht, wenn man sein Bestes gegeben hat und nichts Gutes dafür erhält.

Man muß den Patienten unter die Arme greifen, um sie wieder auf die Beine stellen zu können: Hilfe zur Selbsthilfe.

Mancher reiche Mensch ist armselig in seiner Scheinheiligkeit.

Wenn man beschissen wird, zeigt der andere einem sein wahres Gesicht.

Irren ist menschlich, daher der Ausdruck Humanmedizin.

Am Ende seines Lebens will man die Chancen, die man nicht wahrgenommen hat, nicht wahr haben.

Unser Selbstwertgefühl festigt sich nicht zuletzt dadurch, daß wir von anderen Menschen enttäuscht werden.

Aus der Sicht des Psychiaters sind die Reichen arm dran.

Wenn man den Durchblick nicht hat, hat man auch keine Perspektive.

Es gibt Menschen, die haben das Berühmtwerden einfach verpaßt.

Der Bequeme gibt sich kurzfristig mit Dingen zufrieden, die ihn langfristig unzufrieden machen.

Wer sein Herz ausschüttet, verschenkt auch etwas vom Inhalt seiner Seele.

Die Liebe macht blind, daher fehlt der Durchblick und damit der Weitblick.

Der Baum der Erkenntnis ist der Baum mit den meisten Verästelungen - .

Wenn mir Leute etwas ausrichten lassen, lassen sie durchblicken, daß ich mich vielleicht danach ausrichten sollte.

Manche Menschen bauen im Alter geistig ab, nur die Vorurteile bauen sie weiter auf.

Der Klügere gibt nach - aber nur gegenüber dem Weisen.

Heirat: Aus seiner sexuellen Not machte er eine offizielle Tugend.

Halbe Sachen lagen ihm nicht - er ging stets aufs Ganze, und so ging er als Draufgänger eines Tages dabei drauf.

Erinnerungen sind für uns ein Stück Heimat, nicht selten auch in der Fremde beheimatet.

Ich bin Alkoholiker: Man sagt die Wahrheit, damit sie sich nicht mehr bewahrheitet.

Erfolg gibt recht - vorübergehend.

Man sollte nie ein Abbild seines Vorbildes werden.

Das, was sich manche Menschen vormachen, macht ihnen so schnell keiner nach.

Humor ist Flirt ohne feste Absichten.

Der freiberuflich Tätige wird nicht durch eine Pensionierung frühzeitig so beschränkt, daß er vorzeitig beschränkt wirkt.

Es gibt Notlügen, die notwendig sind, um sich ein Stück Freiheit zu erkaufen.

Aufmunternde Sprüche: Fast food for the last mood.

Es gibt auch Menschen, die in den Startlöchern des Lebens Wurzeln schlagen und festwachsen.

Öffentlich mitgeteiltes Leid ist halbes Leid.

Für die Geldgier hat man leider noch keinen Appetitzügler entdeckt.

Wenn einem die Leute auf den Keks gehen, sollte man sich verkrümeln.

Er dachte, sie sei scharf - da hatte er sich aber geschnitten!

Der Introvertierte ist verschlossen wie ein Buch mit sieben Siegeln, welches mit dem Rücken zur Wand steht.

Der Klügere gibt nach, weil er weder schlau noch clever ist!

Die Klügere gibt nach - kein Rezept für eine gute Ehe - !

Im übrigen:
Humorvoll ist, wer sich am eigenen Zopf aus dem Schlamassel des Lebens herausziehen kann. Der Witz ist, daß man keine falschen Zöpfe dabei benutzen darf!

Als ich endlich auf einen grünen Zweig kam, merkte ich, daß es ein absteigender Ast war – !

Ein Schleimer ist ein Duckmäuser, der sich wegen der „Mäuse" immer duckt.

Karriere: Vom krankhaften Ehrgeiz zur gesunden Bedeutungslosigkeit - !

Die Steigerung von Utopie heißt - Erbschaft.

Daß ich soviel lüge, das geht auf meine Tarnkappe.

Und zwischen den Zeilen: Der Wort-Laut leiser Töne -.

Über den Autor

Nachfolgend soll - in aller Kürze - einiges Wissenswertes über Leben, Werdegang und Wirken des Autors aufgezeigt werden. Zwangsläufig ist dieser Abriß mehr als unvollständig - bei einem solch begnadeten Menschen, Künstler, Wissenschaftler und Wissen-Schaffenden. Hier können nur die Spitzen angesprochen werden, und auch die nur höchst unvollkommen. Auf der anderen Seite sagen die vorliegenden Aphorismen ja auch schon sehr viel über den Autor aus ...

Prof. Dr. med. Gerhard Uhlenbruck, geb. 17.6.1929 in Köln, Studium und Ausbildung an den Universitäten Köln, London und Cambridge.

Fachrichtung: Immunchemie, em. Direktor des Instituts für Immunbiologie an der Universität zu Köln. Davor Abteilungsleiter am Max-Planck-Institut für Hirnforschung in Köln.

Wissenschaftliche Publikationen: Textbook of Human Blood and Serum Groups (mit O. Prokop 1969), Immunbiologie, eine Einführung (1970) und "Immunbiologie des zentralen und peripheren Nervensystems (1965, Handbuch der Neurochirurgie, II).

Mitherausgeber mehrerer wissenschaftlicher Zeitschriften (Z. Immun Forsch., Vox sanguinis, Z.Klin. Chemie, Journal of Developmental and Comparative Immunology (USA)).

Arbeitsgebiete: Zellmembranmoleküle, immunologische Erkennungsmoleküle (Lektine) (Ehrentitel "Father of Lectinology"), Blutgruppensubstanzen, Protease-Inhibitoren, Kohlenhydrat-Antigene und Tumormarker, Metastasiologie (Probleme der Metastasenhemmung und Blockade), Sportimmunologie, vor allem die Thematik "Krebs und Sport".

Mitorganisator mehrere Kongresse in Oxford, Köln, Marburg und Paderborn.

Mitglied in der Gesellschaft für Biologische Chemie, der British Society for Immunology, der American Society for Developmental and Comparitive Immunology (DCI), Ehrenmitglied im Verband Langlaufender Ärzte (1994), Ehrenmitglied der "International Society for Exercise and Immunology" im Jahre 1993.

Auszeichnungen: 1968 Oehlecker-Preis der Deutschen Gesellschaft für Bluttransfusion, 1986 Richard-Kockel-Medaille der Gesellschaft für Gerichtliche Medizin, 1993 Sir-Frank-MacFarlane-Burnet Gedächtnis-Preis für außergewöhnliche Leistungen auf dem Gebiet der Krebs- und Metastasen-Forschung, 1995 Bundesverdienstkreuz 1. Klasse am Band, überreicht in Berlin durch Herrn Bundespräsident Roman Herzog.

Sportliche Auszeichnungen: 1984 Deutscher Meister im Marathonlauf (Klasse M 55) bei den Langlaufenden Ärzten und Apothekern, 1994 Deutscher Vizemeister bei den Radfahrenden Ärzten und Apothekern (Klasse M 60) sowohl im Zeitfahren als auch im Straßenrennen. Kooptiertes Mitglied seit 1990 in der Arbeitsgruppe "Sport in der Krebsnachsorge" beim Landessportbund Nordrhein-Westfalen.

Literarische Tätigkeit: Seit 1975 Mitglied im Bund Deutscher Schriftstellerärzte, seit 1985 Mitglied im VS (Verband Deutscher Schriftsteller in der IG Medien), seit 5 Jahren im Ortsvorstand.

Publikationen: 20 Aphorismenbücher in verschiedenen Verlagen, davon ein größeres Werk zusammen mit H.H. Skupy, H.H. Kersten und dem Karikaturisten Langer, ferner regelmäßige Beiträge im Almanach der Deutschen Schriftstellerärzte, in der Sportzeitschrift "Spiridon", früher auch in der Ärztlichen Praxis, im Deutschen Ärzteblatt und in der Ärzte Zeitung.